シリーズ「遺跡を学ぶ」023

弥生実年代と都市論のゆくえ

池上曽根遺跡〈改訂版〉

秋山浩三

新泉社

弥生実年代と都市論のゆくえ
—池上曽根遺跡〈改訂版〉—

秋山浩三

【目次】

編集委員
勅使河原彰（代表）
小野　昭
小野　正敏
石川日出志
小澤　毅
佐々木憲一

装　幀　新谷雅宣
本文図版　松澤利絵

第1章　弥生文化の発信地

1　大阪南部・信太山の地

国史跡・池上曽根《いけがみそね》遺跡は、高校の教科書にもとり上げられている、考古学に関心をもつ人ならば必ず一度は耳にしたことのある著名な弥生集落遺跡である。

大阪市内の天王寺《てんのうじ》と紀伊《きい》・和歌山を結ぶＪＲ阪和《はんわ》線の信太山《しのだやま》駅で下車する。この和泉《いずみ》（大阪南部）信太山の地は、いまブームになっている陰陽師《おんみょうじ》・安倍晴明《あべのせいめい》の出生伝説にまつわる「信太の狐妻《きつねづま》」の舞台でもある。陰陽道や狐妻の事跡探訪なら、この駅から北に方向をとる。だが、考古学ファンは大阪湾側の西へ向かう（図1）。

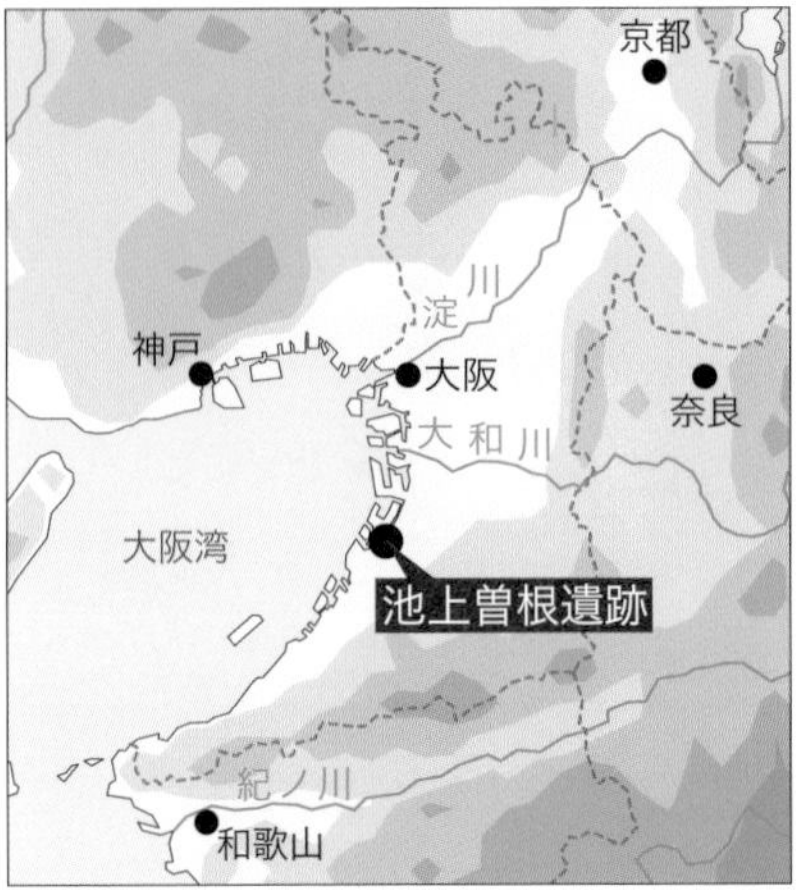

図1 ● 池上曽根遺跡の位置
大都市近郊に位置するが、これほど広範囲に保存された弥生集落遺跡は稀。

図 2 ● 池上曽根遺跡の景観
南東から撮影。中央下方が整備された池上曽根史跡公園と国史跡指定地。その中を左右に通るのが第二阪和国道（国道 26 号線）。右端では府道が交差。上方に大阪湾が見える。

地場産業の織機《しょっき》の音をかすかに耳にしつつ、旧在所のたたずまいを一〇分ほどやや下りながら進むと、第二阪和国道（国道二六号線）にでる。このあたりが、国道を行き交う交通量の多さとは裏腹に、巨大弥生集落が地下で静かに眠る場所である（図2）。いまは史跡公園のゲートと大阪府立弥生文化博物館の建物がわたしたちを迎えてくれる。

この遺跡地になぜ、史跡公園と弥生文化の展示・研究の専門博物館が設置されたのか。

それは、二〇〇〇年以上も前にこの農耕集落を舞台として弥生人たちの暮らしが営まれたこととともに、この遺跡を調査研究し、自分たちの祖先が遺した貴重な文化遺産を守り伝えていこうとした現代人たちの格闘が、付近一帯で展開したからにほかならない。

2 「弥生実年代」と「弥生都市論」

池上曽根遺跡が最初に注目を浴びたのは一九七〇年前後であった。それは、弥生時代を代表する巨大環濠集落《かんごうしゅうらく》が発見されたからである。弥生環濠集落の全国区クラスの重鎮として、多くの研究書・一般書に池上曽根の名が頻出するようになった。しかしその後、当の遺跡そのものは平穏な日々が続いていた。

ところが九〇年代に入って、この集落はふたたび目ざめることになった。それは、史跡整備計画にともなう本格的な発掘が開始され、重要な発見が相次いだことによる。とくに九〇年代後半以降は、新聞の一面を飾ること数回におよび、広く耳目を集めた（図3）。

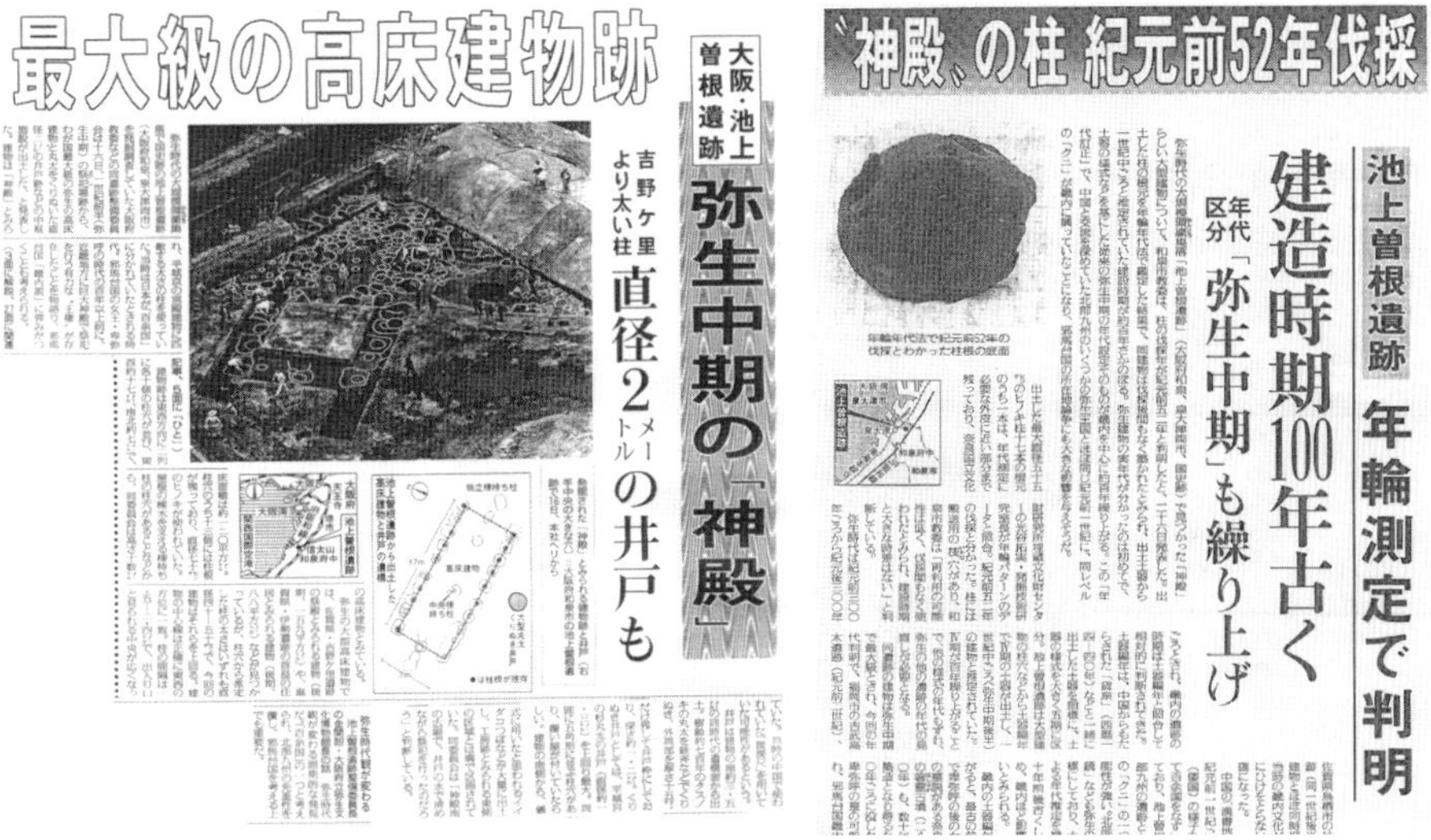
最大級の高床建物跡

大阪・池上曽根遺跡

弥生中期の「神殿」

吉野ケ里より太い柱

直径2メートルの井戸も

"神殿"の柱 紀元前52年伐採

池上曽根遺跡

年輪測定で判明

建造時期100年古く

年代区分「弥生中期」も繰り上げ

年輪年代法で紀元前52年の伐採とわかった柱根の底面

図3 ●1995・96年の新聞トップ記事
これらのニュースが、その後の弥生時代研究を大きく進める起爆剤となった。
左：毎日新聞 1995年6月17日、右：読売新聞 1996年4月27日。

図4 ●児童が描いた「いけがみ遺跡」
遺跡内にある池上小学校1・2年生が、わたしたちの史跡整備発掘を日常的に見ていて描いた絵。遺跡事務所脇の通学路沿いフェンスを臨時ギャラリーにして展示。

九五年六月の紙面では、「最大級神殿」「伊勢神宮のルーツ」「巨大井戸」「弥生の都市国家」「邪馬台国畿内説に弾み」などのセンセーショナルな見出しがおどった。集落の中央付近で発見された二つの大規模遺構である、弥生中期後半の大形掘立柱《ほったてばしら》建物、そしてその南側の一木《いちぼく》刳《くり》抜《ぬ》き枠《わく》を備えた大形井戸にかかわる報道だ。

翌九六年四月には、「神殿の柱　紀元前五二年伐採　建造時期一〇〇年古く」という見出しが掲げられた。大形掘立柱建物跡に残っていた柱を年輪年代測定した結果、伐採時期がＢＣ五二年と確定した。学界で紀元後一世紀後半と定説視されていた建物の年代が、一〇〇年もさかのぼることになったのである。

さらに、この大形建物・大形井戸の検出は、そのほかの調査成果と連動して、いわゆる弥生都市論に発展し、弥生集落・社会のイメージを大きく変更しようとしている。一方、年輪年代測定の結果は学界で「池上曽根事件」とも称されたほどで、弥生中期だけでなく弥生時代全体、さらには古墳時代の開始年代比定の見直しにまでおよんでいる。

本書では、この弥生環濠集落の姿を、開発のなかでの発掘・保存の歴史とともに描き、池上曽根遺跡が主人公となって考古学の世界でさかんに議論されている「弥生実年代」と「弥生都市論」について、この集落の発掘に従事したわたしなりの主張を交えつつ、みなさんと一緒に考えていきたいと思う。

第２章　開発と保存のせめぎ合い

1　南繁則と泉大津高校地歴部

土塀の石鏃

池上曽根遺跡は、大阪南部の和泉市池上町、泉大津《いずみおおつ》市曽根町に位置する。低位段丘《ていいだんきゅう》もしくは段丘化した扇状地に立地し、標高は八〜一三メートルとなる。現在の海岸線までの距離は二キロ程度で、大阪平野部などの弥生集落にくらべ、周辺の平野は狭い（図５）。

遺跡の発見は古く、明治年間の一九〇三年（明治三六）ごろであった。当時一四歳、旧制岸《きし》和田《わだ》中学校の生徒だった池上村の南繁則《みなみしげのり》が、自宅の土塀にはさまる土器や石鏃《せきぞく》に疑問を抱いた。学校の先生に見せたところ、石器時代の遺物であると教えられた。そして土塀の採土地であった田圃《たんぼ》へ足を運んだのが遺跡確認の発端だった。

青年となり、東京で絵の勉強をしつつ考古学者と親交を結んだ南は、帰郷後、池上で遺物の

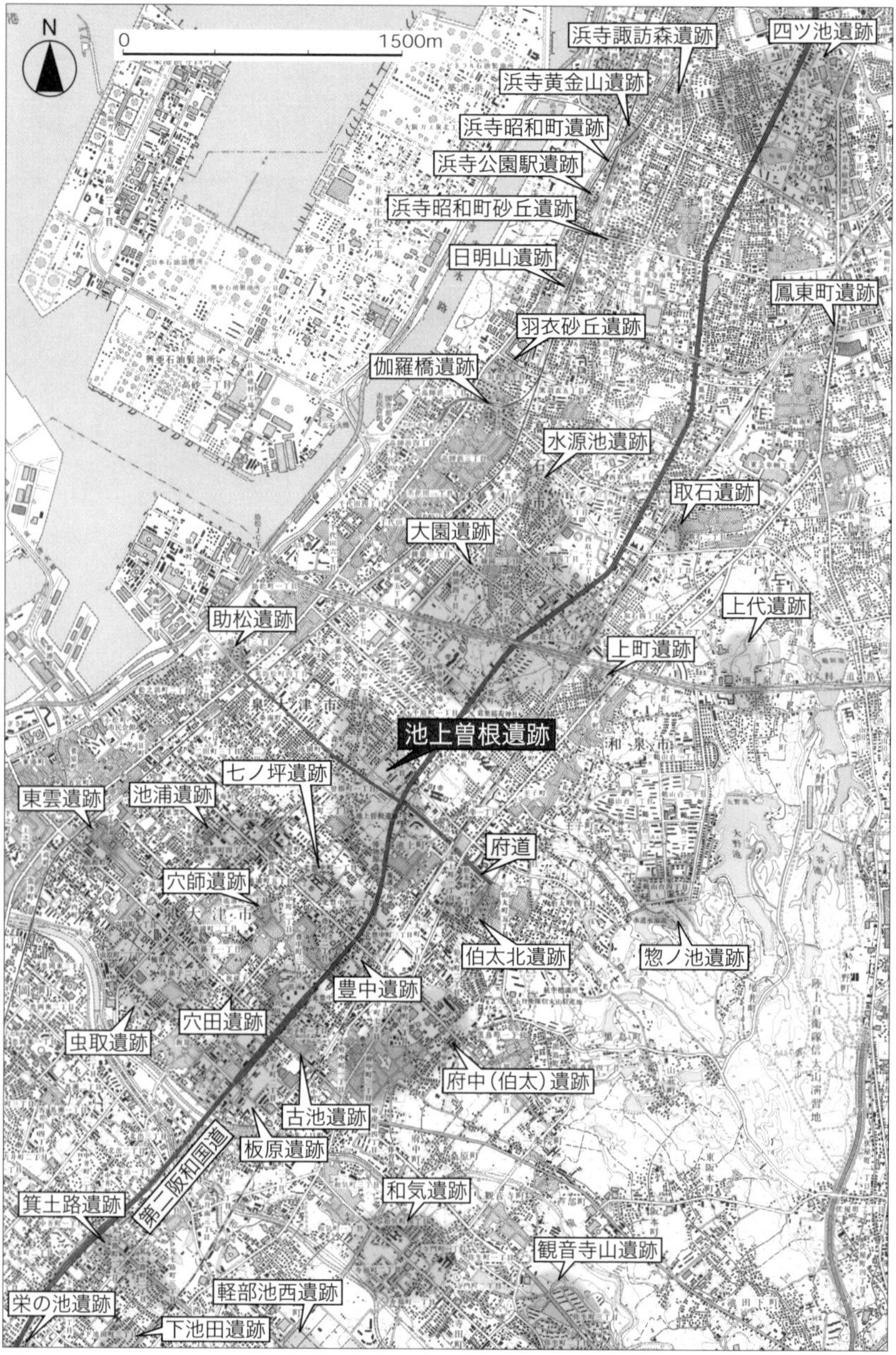

図5 ● 池上曽根遺跡の立地
周辺の遺跡には同時期の小形衛星集落も含まれる。

探索を続けた。二一年（大正一〇）には、現在の弥生文化博物館から国道を隔てた地で、弥生中期の長頸壺《ながくびつぼ》を採集した。ほぼ完存のこの土器は、遺跡研究史の象徴としていまも同博物館に展示されている（図6）。その発見地は、後に判明した方形周溝墓《ほうけいしゅうこうぼ》群域に含まれる可能性が高く、墓の供献品と考えられる。

またそのころ、南と親交が深かった高名な考古学者、坪井正五郎《つぼいしょうごろう》や鳥居龍蔵《とりいりゅうぞう》、本山彦一《もとやまひこいち》らも遺跡の所在を聞き、来訪し注目したと伝えられている。

泉大津高校地歴部の活動

こうして本遺跡の存在は一部の学者に把握されることとなったが、遺跡の概要が広く知られるようになるのは、戦後になってからのことである。一九五三年に刊行された『伯太《はかた》郷土史事典』で、南が本遺跡のことを紹介し、あわせて当時、府立泉大津高校に勤務していた森浩一《もりこういち》が、遺跡範囲が大規模であることを指摘し、遺物を紹介するとともに保存状態の良さにも言及して遺跡の重要性を訴えた。

それから十数年間、顧問の森や石部正志《いしべまさし》に指

図6 ●南が発見した弥生土器
博物館でわたしたちをいつまでも見つめる。

導された同校地歴部の地道な探求によって、遺跡内容が徐々に明らかにされた。五四年、地歴部が刊行する『和泉考古学』第一集は、遺物採集地を地図に落とし範囲を推測するという実績を残した。さらに六一年には、遺跡内を南北に縦貫する府営水道幹線が敷設されたが、その際、同部が土層《どそう》観察を主とする緊急調査をし、南北範囲の推定に大きな貢献をした。その所見から森は、遺跡は濠《ほり》をもつ大集落で、きわめて貴重な遺跡であると強調している。このようにして遺跡の全体像が浮かびあがってきた。

2　盛りあがる保存運動

国道が遺跡を貫通する！

鶴の一声　一九六四年一月、建設省が大阪と和歌山を結ぶ幹線道・国道二六号線のバイパスとして、第二阪和国道の建設計画を正式に発表した。当時の建設大臣・河野一郎《こうのいちろう》の「鶴の一声」による策といわれる。これに先立つ六二年ごろ、概略が地元に知らされた。

計画図に描かれたルートは遺跡を完全に貫通し、国道部は三〇メートル幅で南北にのび、しかも両側一五〇メートルずつ、計三三〇メートル幅で区画整理するものだった。これは、道路周辺の開発を大々的に促進する計画で、遺跡自体が消滅することを意味していた。

この計画に対し、まず堺市から岸和田市にいたる農民が、区画整理方式への反対運動を起こし、区画整理反対期成同盟を組織した。やがて彼らは全日本農民組合の結成へと発展させる。

そして、地元では遺跡の保存運動がはじまった。和泉市の文化財保護委員の石部（泉大津高校教諭）、市史編纂《へんさん》室の三浦圭一《みうらけいいち》や遺跡発見者であり同編纂委員でもあった南らは相談し、六四年秋に、和泉市文化財保護委員会・市史編纂委員・市長の連名で大阪府教育委員会へ保存要望書を提出した。同時に市議会も「古文化財の保存に関する要望決議」を可決し、この運動に応えている。

守る会　その直後の六五年には、南らが発起人となり「池上弥生式遺跡を守る会」を結成し（図7）、署名運動などを開始した。そのなかで南は、遺跡地の地主へ意見書を配布し保存を訴えた。そして地主らは署名に応じ大きな力となった。だが、建設省はこれを黙殺したまま大臣による事業決定をおこない、六七年一月になって府に対し、大阪・万国博覧会（七〇年）までに開通させるという意向を伝えてきた。それを受け同月、府教委は遺跡範囲確認の発掘に入った。

泉文連　調査の結果、予想どおり、五〇万平方メートルにおよぶ巨大集落跡で、弥生各期の遺物が豊富に包蔵され、保存状態も良好と確認された。同年四月二二日、池上町公民館での府教委主催の報告会に集まった人びとは、映写スライドで説明される遺跡内容の豊かさに大きな衝撃を受けた。この報告会は、

図7 ●池上曽根遺跡の父・南繁則
1888－1969 年。晩年、「池上弥生式遺跡を守る会」結成時。

市民的規模の本格的な保存運動が強力に展開される出発点となった。

この調査成果から、「日本の代表的な弥生遺跡として保存する価値が十分」あるとされ、八月二六日、大阪府教職員組合の呼びかけで「文化財を守る大学習会」が堺市で催された。そして同日、南と地元の考古学研究者らを中心に教職員組合が加わり、「泉州《せんしゅう》文化財を守る連絡会議」（泉文連《せんぶんれん》）が組織され、保存運動がより活発となった。

泉文連集会における南の発言として、「池上は米のめしを泉州で最も早く作り出した土地で、みんなそのおかげで、米のめしを食べている。池上遺跡をつぶしにくるものは、〈国賊〉やと思う」と伝わる。地元農民・住民と弥生人との連続性を認識させる象徴的な言葉である。

一方、確認発掘の成果は、遺跡範囲が広大であるために、現在の村落状況を考慮すると国道の路線変更の余地がないという皮肉な状況を示した。文化庁と府教委は、国道建設で遺跡が切断されるのを憂慮し、建設省と同近畿地方建設局に対して路線変更を要請し協議を重ねた。その結果、区画整理方式は断念され、遺跡の全面的消滅の危機は一応回避されたが、基本方針を変更するのは不可能との結論が出された。

このようにして、国道部における発掘調査の実施が決定されるにいたった。

三大弥生遺跡　六八年二月、市議会が「和泉市の三大遺跡について保存要請」を決議している。池上遺跡と、宅地造成で破壊の危機にあった弥生後期の高地性《こうちせい》集落である観音寺山《かんのんじやま》・惣ケ《そうが》池《いけ》両遺跡をあわせて保護を訴えたものである。この決議を受け、泉文連と市職員労働組合、泉北教職員組合、地元民間企業の労働組合などが加わった「三大弥生遺跡を守る実行委員会」が結成され、保存要望がなされている。また、同年四月開催の日本考古学協会総会では、第二阪和国道によって同様の問題に直面していた堺市四ツ池《よいけ》遺跡とともに、池上遺跡の保存に関する決議が採択されている。

池四協　同年六月、泉文連と関西文化財保存協議会の呼びかけによって、地元の教職員組合、農民組合、市職員労働組合など府下二〇団体の参加で「池上・四ツ池遺跡を守る協議会」（池《いけ》四協《よんきょう》）が結成され、全国的規模の署名運動、国会請願と、保存運動がより勢いを増した。

このような数年におよぶ広範で市民的な保存運動の展開は、埋蔵文化財保護問題の典型例の一つとして全国的注目を集めることになったのである。

遺跡調査会の結成と事前調査の開始

こうして第二阪和国道問題は官民を巻き込む保存運動に発展したが、道路は、周辺住民との調整、建設費用などの問題から平面道路を前提に計画され、ともかく敷地内の事前発掘が実施されることとなった。しかし、その範囲は行政では未経験の空前の規模であった。

そのため府教委では、関西在住の日本考古学協会委員との調整などを経て、「発掘調査の結果きわめて重要な遺構が検出された場合、路線および工法の変更を申し入れる権利を留保する」ことを条件に、池上遺跡と四ツ池遺跡の発掘を目的として、京都大学教授水野清一《みずのせいいち》を代表とする一一名の委員によって指導される「第二阪和国道内遺跡調査会」を結成した。この会は、近々に財団法人に昇格することを条件に、暫定的につくられた建設省からの事前受託団体で、一面では実体の曖昧な責任所在の明確でない組織であった。国土開発がエスカレートし、府県行政などの力量では事前調査の処理能力がなくなった段階に対応して考えだされた新方式だった。

このようにして、六九年二月から七一年九月まで、道路部の事前発掘が実施された。調査範囲は、幅三〇メートル、総延長約六〇〇メートル、面積約一・八万平方メートルであり、七八年に未調査区二一〇〇平方メートル余を府教委が追加調査している。

現在の発掘調査スタイルのさきがけ

調査ではさまざまな試みがなされた。膨大な面積を短期間に発掘する必要に迫られたため、何よりも作業の迅速・合理化が図られた（図8）。その代表事例を示そう。

①調査会委員の金関恕《かなせきひろし》の提唱により、発掘と遺物整理の作業を分離し、同時に両者をおこなうイスラエル方式というシステムが組まれた。いまでは普通の方法だが、発掘後に遺物整理をしていた当時には画期的な発案だった。これにより絶えず最新情報が発掘現場にフィードバックされた。発掘での出土遺物量は予想を大きく超え、とくに環濠部では所狭しと置かれた遺物収納カゴがまたたく間にいっぱいになった。

溝の発掘風景

写真測量撮影に使われた気球

図 8-1 ●第二阪和国道の発掘調査（1）

実際にこの新方式が大きな効力を発したといえる。

②当時の調査は人力が基本で、機械力といえばエンジン式ベルトコンベアだけだったが、ブルドーザーやバックホウの軽量化が図られたこともあり、表土などの除去にそれらの重機が活用された。

③複雑な遺構の図化を迅速に遂行するため、気球にカメラを備えつけ空中から写真測量をおこなう技術が投入された。国が発掘を進める平城宮跡ではすでにおこなわれていたが、地方でははじめての試みだった。

④成果を逐次一般公開するため、毎月第一日曜日に現地を公開し、月報『池上・四ツ池遺跡』が無料配布され報告会がおこなわれた。当時としては全国的にも少なかった定例現地説明会が開催された点は注目すべきで、しかも印刷資料には最新データが盛り込まれ好評を博した。

⑤木製品の保存処理、複製品の製作、花粉分析などの業務委託を試みた。

⑥写真撮影は専門技師を配置し、機材や暗室などもとりそろえた。

なお、④は、池四協が調査会の発掘に対し、科学的・民主的・公開の原則に則り十分な学術調査をするよう要望したことに応えた結果である。また七一年八〜九月には、「池上・四ツ池遺跡出土遺物展」が泉北考古資料館で開催された。これらの見学会や発掘に参加した地元の人びとが遺跡に高い関心をもってくれたことが、保存運動に大きく貢献することになった。

遺物整理風景

発掘の見学会風景

図 8-2 ●第二阪和国道の発掘調査（2）

弥生文化と集落の展開を解明

発掘では、つぎのような重要内容をもつ遺跡であると再確認された。

①弥生時代の全期間を通じて居住が継続した、きわめて長期にわたる大規模集落。

②なかでも中期が最盛期。

③各種遺構が稠密に分布し、良好な状態で遺存。

④方形周溝墓を中心とする墓地群が南端部に存在。

⑤集落を囲む大規模な溝（環濠ほか）が各期にわたり多数存在し、その走行箇所と建物分布状況により集落中心部の位置が推定可能。

⑥それらの溝は時期ごとに掘り直され、建物などの時期と合わせて検討することで、集落の歴史的・社会構造的な変遷の実態把握が可能。

⑦遺物も多種多様で、総量・単位面積量とも従来の常識を超えた膨大な量。

以上のとおり、この調査では、弥生各期の遺構とおびただしい量（約一〇〇トン）の遺物を検出することによって（図9）、弥生文化の解明に画期的な成果をもたらし、先史時代の集落構造における発展過程の実態を、わが国ではじめて遺跡上で実証的に把握できるように

図9 ● 第二阪和国道の発掘で出土した鳥形木製品
弥生の精神・祭祀面の研究に大きく貢献した。

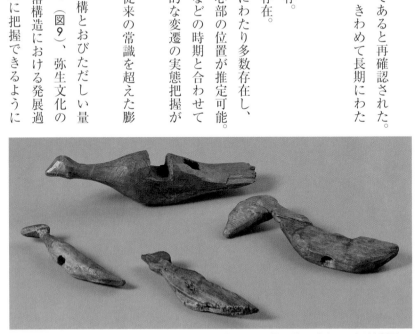

なった、と当時総括された。

こうして顕著な成果をあげる発掘が進むにつれ、保存運動もより活発化した。調査主体だった遺跡調査会も建設省に対し保存を要望し、七二年二月には同調査委員が路線変更を要請している。

遺跡調査会による発掘は七一年秋で終了し、その後は府教委に引き継がれた。調査会は解散したが、これを母体に「(財)大阪文化財センター」が誕生し、膨大な出土資料の整理にあたることになった。後に調査成果は一部をのぞき分厚い報告書にまとめられ、弥生研究の基本資料になった。

国道の下に遺跡を保存

国史跡の指定　このように池上遺跡は、弥生文化情報の宝庫として全国的な注目を集めた。そのころの遺跡推定範囲はいまより一まわり狭かったが、径三〇〇メートルの領域を大溝《おおみぞ》で囲う集落と評価され、当時としてはわが国最大の環濠集落と喧伝《けんでん》された。また、たんに弥生時

図10 ● 史跡指定を記念する市民のつどい（1976年）
住民らと保存運動を進めた考古学者・石部正志による講演。

代の実態を伝えるだけでなく、古代社会へと移行する発展過程をとらえうる貴重な遺跡として、七五年一一月に国の文化財保護審議会が史跡指定の答申をし、翌年四月二六日に文部大臣により指定告示がなされた。指定範囲は、中期の環濠に囲まれた区域を中心に約一一万平方メートルである。

弥生の大集落遺跡がまとまって史跡指定されたのは全国的にも画期的なことであり、加えて、大都市周辺の平地部でこれほど広範囲におよぶ指定は前例がなかった。遺跡の全面積からすればわずか二割だが、遺跡発見から七十余年、地元高校地歴部の探求、地道な市民レベルの保存要望を端緒とした、官民一体の長くて苦しい運動が実を結び、指定を獲得したのである（図10）。この指定をきっかけに、それまで池上遺跡とよばれていた名称が、池上曽根遺跡とあらためられた。

工法の変更　さて遺跡中心部が史跡として保存されることになったが、国道建設は、幹線道のため計画自体を中断するのは無理であった。路線変更も遺跡範囲が広大なため不可能で、遺跡保存と道路建設の共存を図る次善策として、工法変更が模索された。

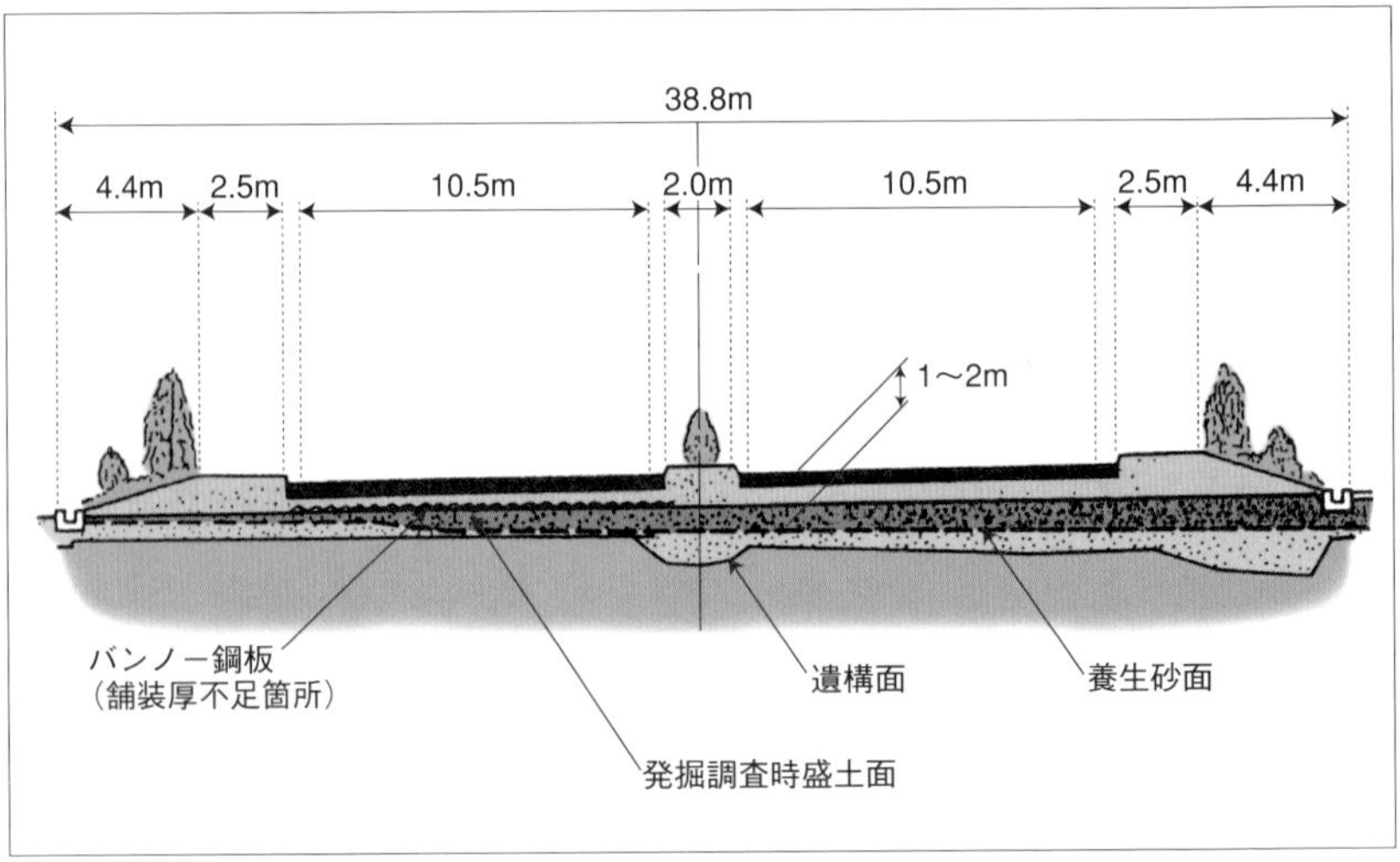

図 11 ● 第二阪和国道の遺構保存方法
砂と鋼鉄板で遺跡面を保護して建設された。

建設省や文化庁、大阪府の間で協議が続けられ、当初予定していた高架式を変更し、地下遺構に悪影響をおよぼさないよう、砂と鋼鉄板で遺構面を保護した上に盛土《もりど》して築造する工法により、既定路線で建設されることになった（図11）。

こうして第二阪和国道は八一年四月に池上部分が開通した。それにより遺跡は環濠内の史跡地を含め大きく東西に二分されることになったのである。

3　四分された遺跡

ふたたびの道路計画

国道が工法変更により着工され一応の決着をみた直後、今度は史跡地の北端で、国道と直交して計画されていた府道松之浜《まつのはま》曽根線の建設問題が浮上してきた（図５参照）。

このルートは新設計画がある大阪臨海線と第二阪和国道をつなぐ幹線として、すでに一九五九年三月に都市計画で決定されていた。しかし、遺跡内の国道問題が遅延していたため、八〇年に史跡地西端部まで開通した後、それ以東の工事は中断していた。それが国道工事の始動にともない、史跡地内のとり扱いをめぐる問題が俎上にのせられたのであった。

八〇年九月に、大阪府から文化庁に史跡の現状変更許可申請がなされ、遺跡保存と道路計画の調整について両者間で議論が進められた。翌年に国道が池上地区で開通したこともあり、周辺道路の渋滞に悩む沿道住民を中心に道路着工を求める要望が相次ぎ、泉大津市議会においても早期全線開通の要望決議がおこなわれた。

このような状況のなかで、八三・八六年には環濠の位置確認調査、八七〜八八年には道路敷地の第二次発掘が実施された。その結果、環濠の北端部が見つかり、その部分は多重環濠《たじゅうかんごう》だったことが明らかになった（図12）。

保存運動の再燃と保存されなかった遺跡

府道の計画が史跡指定前の決定だったとはいえ、この道路も遺跡を分断することになるため、ふたたび保存運動が起こった。発掘結果を受け、道路建設について協議がくり返された。賛否両論あったが、史跡地西端まで竣工しており迂回も不可能ということで、環濠内を避け築造されることで決着した。路幅を二〇から一四メートルに一部狭め、国道同様に遺構面は砂と鋼鉄板で保護し破損しないようにし、また修景を十分配慮することで調整された。九〇年一月から施工着手され、九月には国道まで開通した。

こうして再燃した運動も結果的には遺跡分断を阻止できず、道路下の保護という緊急避難的

図12●府道（松之浜曽根線）の発掘
道路予定地に斜めに多重環濠が発掘されているのがわかる。
環濠の北部は水害対策のため多重になっていた。

な保存に終始したのだった。この府道と国道によって、遺跡は史跡地を含め東西・南北に大きく三分された。なお、この調査結果を受け、九一年に北東部が史跡地に追加指定されている。

この府道は、国道付近から山側部（東側）は府道池上下《しも》の宮《みや》線と呼ばれる。ここの発掘はその後九六年から府教委によって実施され、貴重な方形周溝墓群があらたに検出された（図13）。

だが、前年に遺跡中央部で発見された大形建物・大形井戸の話題に隠れ、方形周溝墓群の重要性は大きくは報道されていない。この箇所は、ＪＲ線との交差のため遺構面は深く掘り抜かれ、まったく保存されることはなかった。

このようにして遺跡北半を東西にのびる府道部の発掘と工事は完了し、史跡公園の開園と同じ二〇〇一年に開通した。この調査の過程では、目立った保存運動は展開されなかった。そして、国道・府道という二種の公共施設のため、最終的に遺跡は完全に四分されたのである。

図 13 ●府道（池上下の宮線）の発掘で発見された方形周溝墓群
弥生環濠集落の外周には、このような墓群がいくつか存在する。

4　煩悶する群像

社会情勢と考古学の現場

ここまで淡々と池上曽根遺跡の発掘調査と保存運動の経過をふり返ってきた。一方、広く社会全般に目を向けると、第二阪和国道の発掘が敢行された六九〜七一年の三年間だけでも、東大紛争安田講堂事件、国際反戦デー統一行動、アポロ一一号月面着陸、赤軍派よど号ハイジャック、日米安保闘争、日本万国博覧会、国産初人工衛星打ち上げ、三島由紀夫《みしまゆきお》の自衛隊での割腹自殺、公害問題の深刻化、沖縄返還協定調印などの重大な出来事があった。

第二阪和国道の早期開通要請にしても、また、遺跡調査会によって発掘中の四ツ池遺跡が学生運動との絡みで封鎖されるという事件が発生したことも、これらの社会情勢と密接に連動している。さらに、京都・平安博物館で開催された日本考古学協会大会に、協会解体を標榜する学生たちが突入し逮捕者をだす出来事が起こったのが六九年一〇月、遺跡を含め文化財保護の全国組織である「文化財保存全国協議会」（文全協《ぶんぜんきょう》）が結成されたのが七〇年七月だった。

そのような情勢のなかに、池上曽根遺跡の発掘調査と保存運動が存在していた。

荒野をめざす青年

この高度経済成長期の人びとは、いまでは考えられないほどガムシャラかつ真摯であった。池上曽根をめぐる群像の生き様《ざま》も例外ではない。地元農民・住民、遺跡保存運動団体、自治体職員、学者、考古学研究者、行政内考古技師をはじめ各々が、局面局面で懸命に喜怒哀楽とともに煩悶しつつ、各人の役割を模索し行動した。加えて学術面や行政発掘システムの確立を含め、学者・研究者も行政組織もこの遺跡で社会的に鍛錬された。

　池上曽根を駆けめぐった青年たちも、現在では定年を過ぎ、あるいはその間際にさしかかる年代となっている。そして、赤裸々な秘話を含め、それぞれの立場で当時を総括・回顧する内容も公にしつつある。わたしの個人的な感慨と了解する範囲内では、とりわけ、学者としての社会的役割を模索し実直な人柄そのものに遺跡保存を訴え続けた石部正志、研究者と府職員（考古技師）という立場の狭間で苦悩しつつ全面的対応にあたった紅顔の井藤徹《いとうとほる》、発掘現場で考古と無縁な事態に奔走しつつも重要な学術成果をつぎつぎあげた若年の酒井龍一《さかいりゅういち》、石神《いしがみ》怡《ゆたか》、中西靖人《なかにしやすと》ら。彼らの軌跡は決して忘れてはならない。

　その詳細、さらには他のアクターたちの言動なども紹介したいが、個別にとり上げる紙数が本書にはない。末尾に掲げておいた各文献（石部・井藤・久世の各著作および筆者公刊のインタビュー記事ほか）をぜひ手にとっていただきたいと思う。

図 14 ● 慎重に発掘を続ける調査員
第二阪和国道の発掘調査時。

第3章　目ざめた巨大環濠集落

1　集落の盛衰

集落中心部の発掘

第1章で述べたように、池上曽根遺跡では、一九九〇年代に入ってから史跡整備のための本格的な発掘が開始された。七六年の国史跡指定以降、史跡活用のため指定地内の民有地買い上げを進め、公有地が七〇パーセントを超えるまで二〇年近い歳月を要したのである。

当初、史跡整備の発掘は、環濠の正確な位置確認を目的とした筋掘《すじぼ》り調査からはじめたが、九二年からは集落内の様相を解明するために面的な調査に移行した。九五年には文化庁があらたに制定した「古代ロマン再生事業」に採択され、史跡地の南部三・五万平方メートルを対象におよそ五カ年計画で、本格的な整備と発掘調査が開始された。この事業は九七年から「歴史ロマン再生事業」に引き継がれ、二〇〇一年に第一期整備を完了した。

この「再生事業」は、調査研究の成果を活かし、史跡地内の総合的な整備を実施するものである。わたしが所属する（財）大阪府文化財センターは、この大規模事業を和泉市からほぼ全面的に委託され発掘・整備などを続行し、わたしは直接の担当者として各種の業務にあたった。

こうして正確な考古学データを得るため、いよいよ動き出した九〇年代の一連の調査によって、集落中心部での具体的内容が飛躍的に解明されるにいたった。なかでもその後半には、刮目《かつもく》すべき発見や成果が得られ、池上曽根はふたたび目ざめた巨人として時代の寵児《ちょうじ》となり、この大集落をめぐる狂騒曲的な展開がはじまった。

以下では、それらの成果を含めた集落内容を、ほとぼりが冷めたいまの眼で記載していこう。なお、弥生時代の時期区分にはいくつか案がみられるが、本書では、前期＝Ⅰ期、中期＝Ⅱ～Ⅳ期、後期＝Ⅴ期という従来の一般的な表現を用いる。ただしⅢ・Ⅳ期は土器様式のローマ数字対応とは若干異なり要注意。たとえば、Ⅲ期後半＝Ⅳ―1・2様式、Ⅳ期＝Ⅳ―3・4様式となる（図15）。

遺跡の成立事情＝「共生」論

池上曽根遺跡は、弥生前期後半に移行するころ、無人未開の地に突如出現する。その前史として、西へ約三一〇メートル、海岸近くの池浦《いけうら》遺

	前期	中期					後期
弥生時代時期区分	Ⅰ期	Ⅱ期	Ⅲ期		Ⅳ期		Ⅴ期
			前半	後半	前半	後半	
土器様式の変遷	Ⅰ	Ⅱ	Ⅲ	Ⅳ−1･2	Ⅳ−3	Ⅳ−4	Ⅴ(･Ⅵ)

図15 ● 弥生時代の時期区分
中期のとらえ方が、現在よく使われる土器様式の表記と微妙に異なる。

跡が鍵となる。池浦遺跡では前期前半の土器が発見されており、この地域最初の弥生農耕集落である。その隣接地には、縄文最終の突帯文土器《とったいもん》（長原式《ながはら》）を出土する虫取遺跡《むしとり》がある。この両集落の分布状況（図5参照）には重要な意味が含まれている。

近畿地方の縄文・弥生移行期における近年の研究では、このような二集落は同時に存在していた、つまり、灌漑水田を営む新来の弥生系集団と、まだ農耕をおこなわない縄文系集団が、生業形態を異にしながら、近接地で緊密な関係を保ちつつ「共生」していた、と評価されている。そして、その期間を経てつぎの段階では、地域全体に本格的な農耕集団が形成される、という過程が解明されている。

あらたに和泉地域にやって来た弥生系・池浦集団が、元からいた縄文系・虫取集団と遭遇し、一定の共生期間を経験した。やがて、縄文系の人びとも水稲農耕技術を習得し、二集団が一体となり、地域における実質的な弥生化達成の姿として新天地の池上曽根に移り住んだのである。

巨大環濠集落としての変遷

集落フレーム　弥生前期に池上曽根で新集落を形成した後は、長らく弥生時代の末まで居住を存続させる。だが、時々の状況は一様ではなかった。集落の大きさを端的に示す環濠の掘削《くっさく》様相を中心にして、まず「集落フレーム」ともいうべき領域の変遷を概観しておこう（図16）。

前　期　前期後半（I期後半古相）に環濠がはじめて掘削される。主軸をほぼ南北にとる平面不整形の範囲で、その内部は南北約二七〇メートル、東西約一六〇メートル、面積約三・三

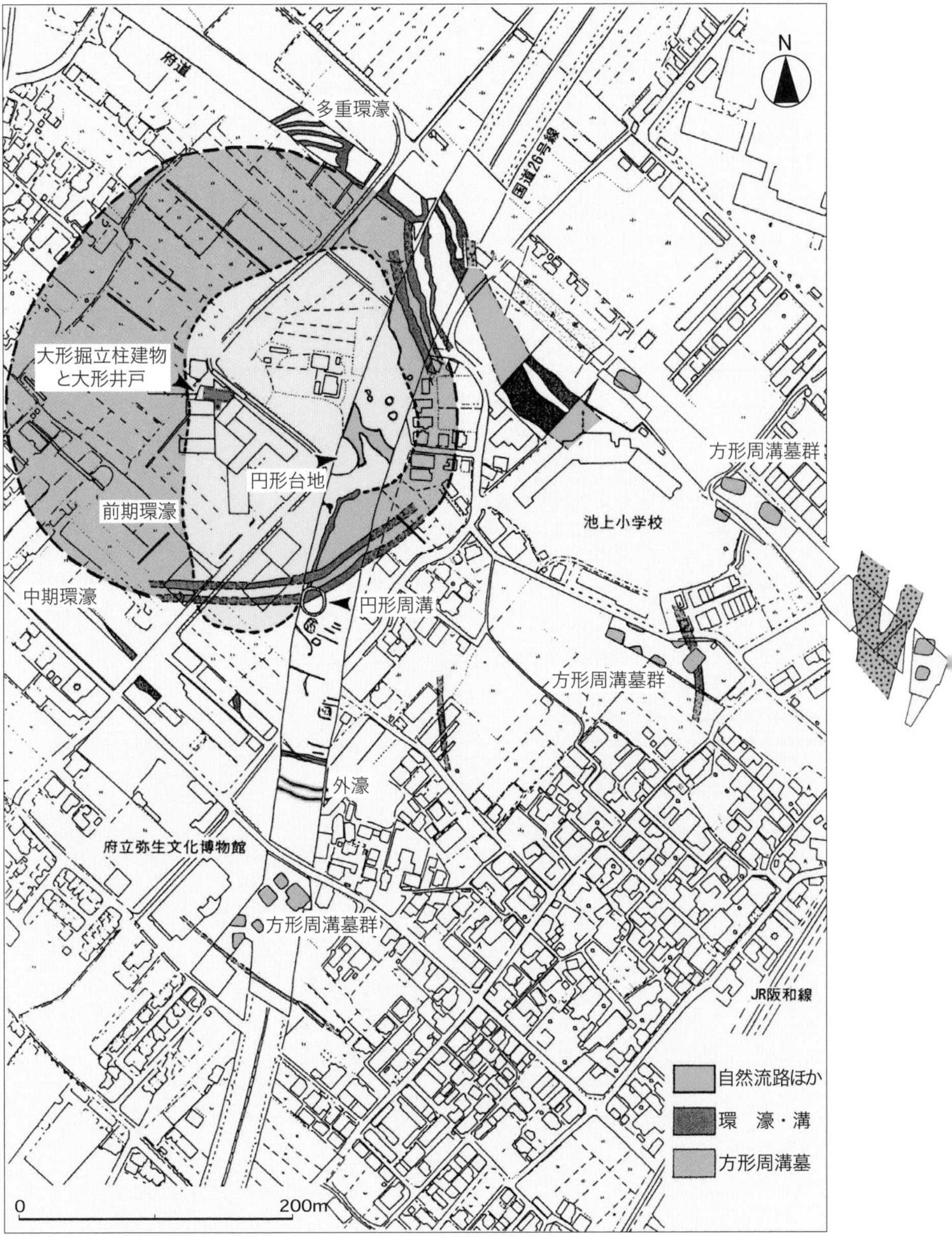

図 16 ● 発掘区と主な遺構の分布
上下へ帯状に貫通するのが第二阪和国道部、その右上で直交するのが府道部。
交差点の南西部一帯のうち 3.5 万 m² が史跡公園として整備された。

万平方メートルをはかる。

中期　中期初頭（Ⅱ期前半）では、平面形は正円に近くなると推定でき、環濠（第1環濠）内部は南北約二九〇メートル、東西約三〇〇メートル、面積約六・七万平方メートルと規模が大きくなる。

この第1環濠は中期前葉（Ⅱ期末）には埋め戻されるが、引き続いて中期中葉（Ⅲ期）には、より外側で第2環濠が掘削され、集落の北側では多重環濠帯を形成する。その内部は南北・東西とも約三二〇メートル、面積約八・一万平方メートルもの巨大環濠集落である（図17）。

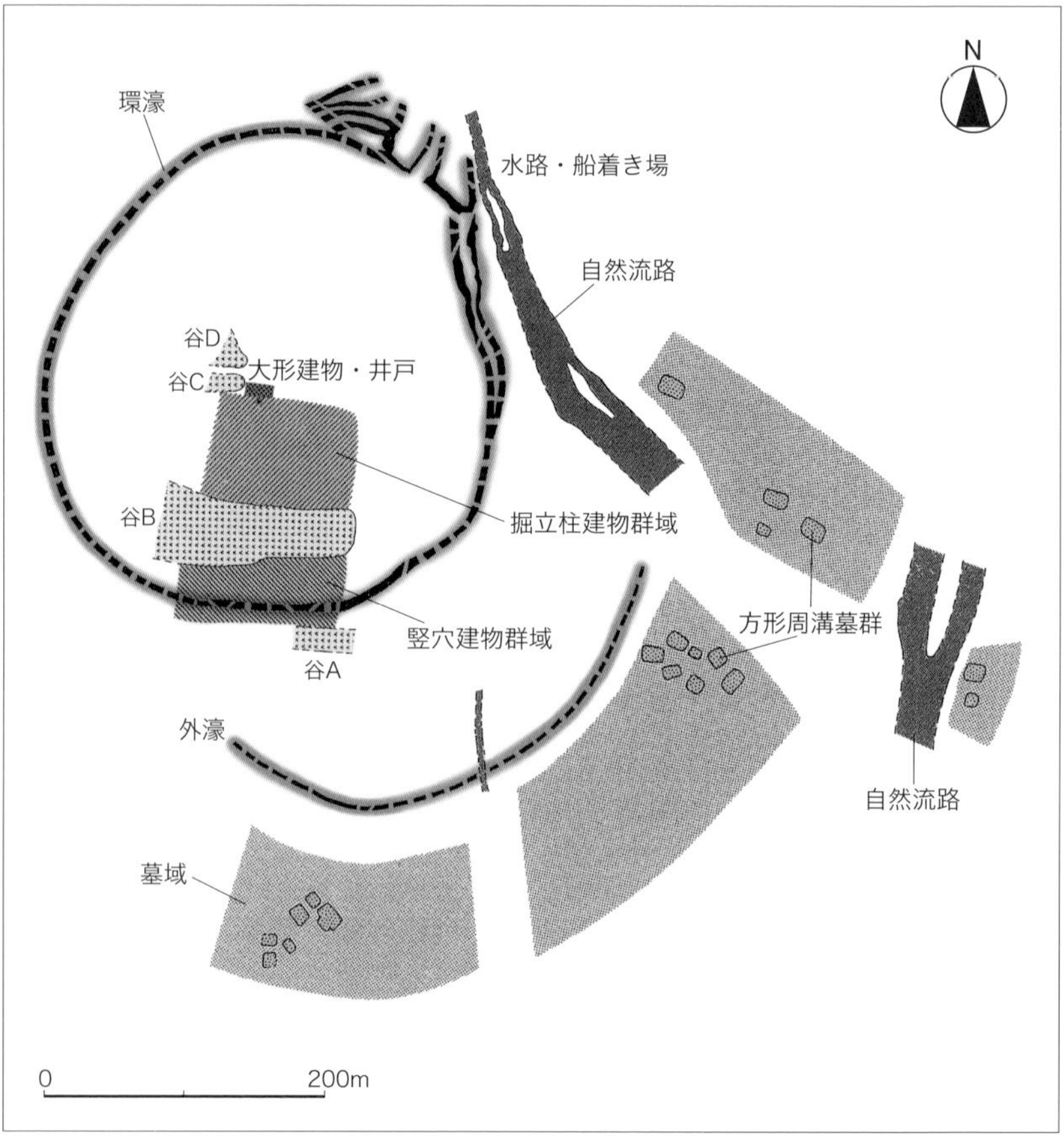

図 17 ● 弥生中期後半における遺構分布の概念図
紀元前1世紀の池上曽根弥生人たちの生活舞台である。

加えてこの段階では、さらに外側に外濠《がいごう》が想定される。その内側と推定できる範囲は、南北・東西とも約四五〇メートルないしそれ以上、面積約一二～一四万平方メートルである。外濠の外周（南東側）には方形周溝墓群からなる墓域が形成される。しかし、中期末（Ⅳ期末）では、環濠は継続的な維持や再掘削がなされなくなり、環濠集落は解体、終焉をむかえる。

後　期　その後の後期（Ⅴ期）では、中期集落の巨大さは見る影もなくなり、小集団に分散化の傾向をみせる。中期に集住していた人びとの一部はこの地にとどまり、ほかの大勢は他地域へ移動していったと考えざるを得ない。

2　巨大環濠集落の舞台装置

最盛期の集落構造

つぎに、集落の最盛期にあたる中期後半（Ⅲ期後半～Ⅳ期）における、集落内外の舞台装置ともいうべき各構成要素を概観していこう（図17・18）。その内容は、本書のテーマでもある弥生の実年代や都市の問題を考えるうえでのバックグラウンドとなる。

墓　域　集落のもっとも外側でかつ標高が高い南東側で、Ⅲ～Ⅳ期の方形周溝墓が約二三基確認されている。各墓の規模は極度な差異はなく、おおむね均質的な様相である。墓域は四つ以上の群を形成しているようだが、仮に墓域と考えられる範囲に、いままで確認された密集度で造営されたとすると、全体で一六〇基ぐらいになろう。

外　濠　墓域の内側には、部分的な検出だが外濠がある。概要では、この溝は幅約五メートル、深さ約〇・二メートルとなっている。実質的な集落域（居住・日常的活動領域）と墓域を区画する役割をもった溝と把握できる。

環　濠　外濠から約一三〇メートル内側に、環濠が位置する。先述のように、中期初頭に第1環濠、中期中葉には、そのすぐ外側に平行して第2環濠が掘削されている。

これらの環濠は、完掘調査した状態で、幅約五メートル、深さ約〇・八〜一・五メートルの規模であった。以前は、このような規模の大きい環濠が二条平行して同時に存在すると想定されてきたが、近年における溝内の埋土《まいど》や遺物の検討で、第1環濠→第2環濠の順に掘削され、しかも両環濠ともに五回以上の掘り直しがあったことが確認できた（図19）。

したがって、中期のある段階での環濠の景観

図18●集落東半部のイメージ図
下半左は谷B、上方左に柵で囲んである建物4棟は想像上のイメージである。
その左下は大形建物1と大形井戸1、右上端は方形周溝墓群。

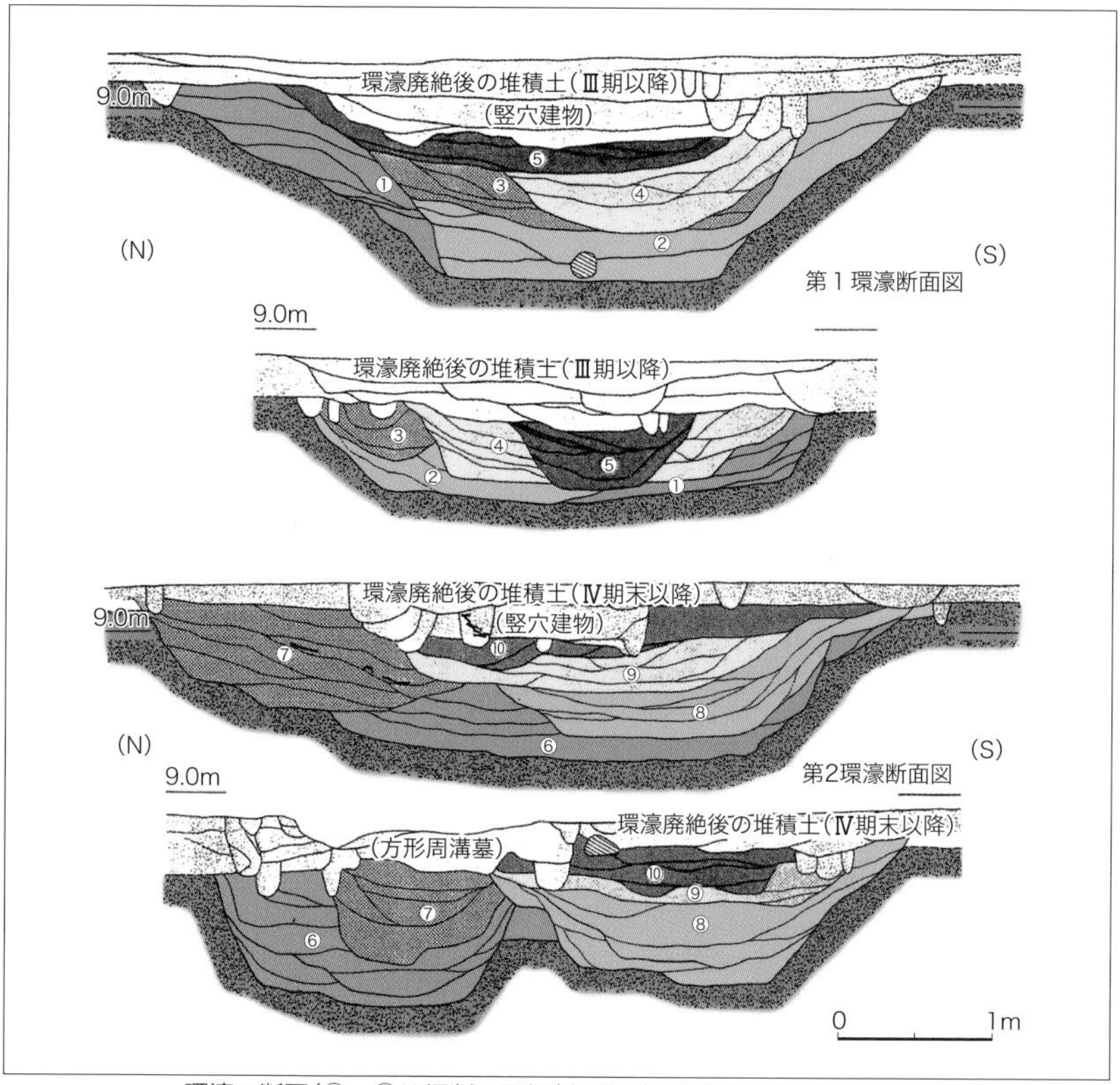

環濠の断面（①〜⑩は掘削・再掘削の順番、92-2・93-2区）
（環濠ー第1：内側、第2：外側）

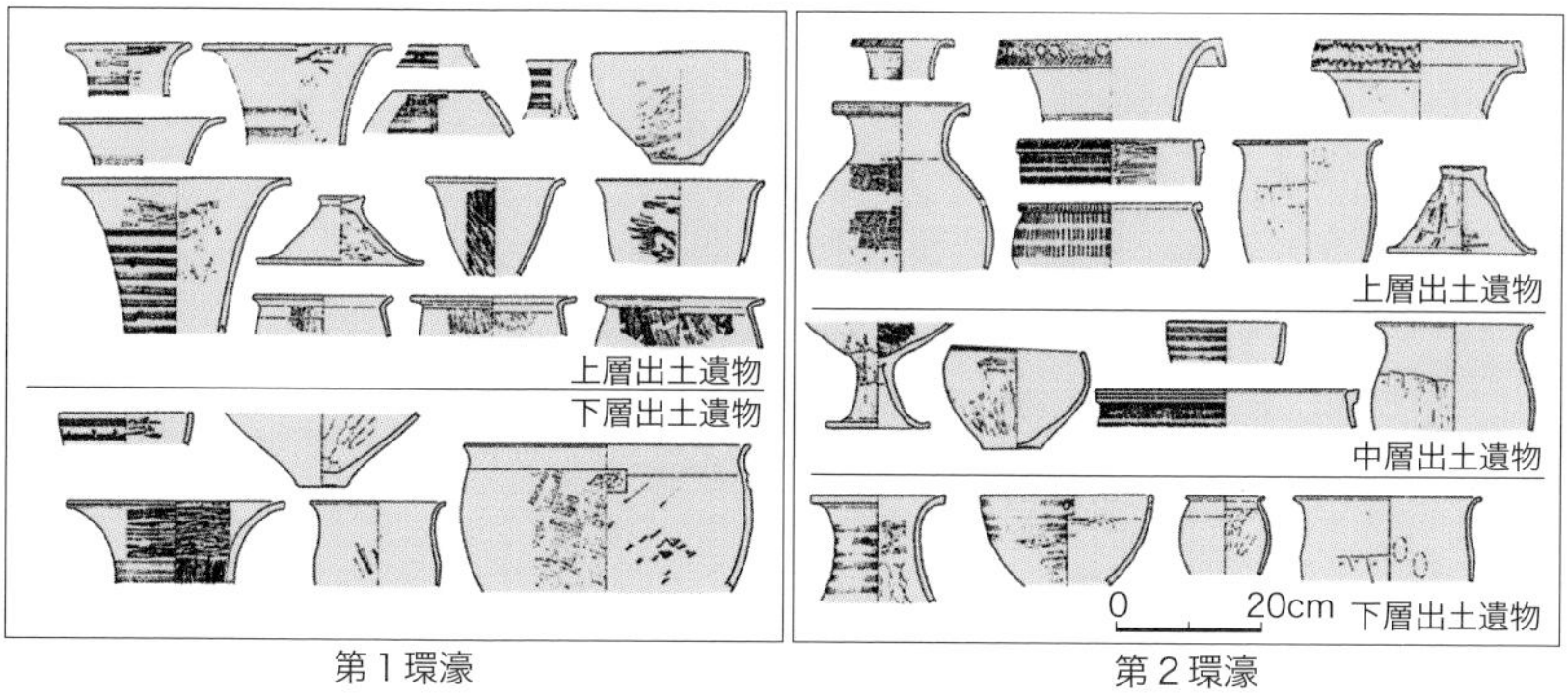

第 1 環濠　　第 2 環濠

図 19 ● 弥生中期の環濠（埋土断面）と出土土器
溝内の堆積土や発見遺物の詳細な検討によって、環濠の実態が解明された。

は、一条だけであり、しかもその規模は幅約一・三〜二・五メートル、深さ約〇・六〜〇・九メートル程度と変更されるにいたった。

谷A〜D　これまでの濠とした環濠集落像では、内部は均質で平板な土地と想定されてきたのではなかろうか。しかし、本遺跡の発掘では、環濠内が決して平坦ではなく、谷状地形（微凹地《びおうち》）によって分断された、かなり凹凸のある地形であることがわかった。

つまり、環濠内側のどこでも居住・活動域として利用できたのではない。具体的には、環濠内外のA〜Dの四箇所で谷状地がみられる。このうち環濠内南部の谷Bは重要な存在である。幅約四〇メートルで東西にのび、それを境に南北で建物の種類などが整然と区別されていた。

図20 ● 竪穴建物群
谷Bより南で発見。方形（手前）と円形（奥）の2種がみられる。

図21 ● 掘立柱建物群
谷Bより北で発見。黄色いテープで示している。いずれも小形長方形。竪穴建物部よりやや標高の低い場所に建てられた。

竪穴建物域　谷Bより南では、谷Aとの間の南北約四〇メートル範囲で、竪穴建物《たてあなたてもの》が東西帯状に密集する状態で検出された（図20）。円形と方形で、直径あるいは一辺が三〜八メートル程度のものである。方形の竪穴建物は概して小規模なものが多い。

掘立柱建物域　谷Bより北では、南北約七〇メートルにわたり小形柱穴から構成される小規模な掘立柱建物を多数確認した（図21）。それぞれの建物の主軸や大きさに規格性はなく、小形建物で構成される雑舎群的な様相をなす。

大形建物と大形井戸　掘立柱建物群域の北端は集落の中央付近にあたり、大形建物1や大形井戸1が構築されている（図22）。

大形建物1は、長辺（桁行《けたゆき》）約一九・三メートル、短辺（梁間《はりま》）約七・〇メートル、床面積約一三五平方メートル（約八三畳分）もある東西棟の掘立柱建物で、建物妻《つま》（短辺）部の外側に各一基ずつ、独立した棟持《むなもち》柱《ばしら》（建物上端の棟木《むなぎ》に達する柱）を備える（図24）。

図22 ● 大形建物1と大形井戸1
上側の左右に方形の穴が2列並ぶのが大形建物跡、下側の大きな穴が大形井戸跡。穴内に黒く見えるのが残っていた井戸枠や柱材。

多くの柱穴《はしらあな》内には実際に、最大径六五センチもの柱が腐らず埋まっており、大きさを体感させられた。

大形井戸1もまた、この建物の付属施設にふさわしく、丸太刳抜き枠をともなう巨大遺構である（図25）。

「非日常的」な空間　この巨大二遺構の南側一帯には、その異様さに符合するかのように、サヌカイト剥片《はくへん》、石斧《せきふ》、砥石《といし》、飯蛸壺《いいだこつぼ》、大形土器などを特殊な方法で「埋納《まいのう》」「埋《まい》設《せつ》」した痕跡が点々と検出された（図26）。

そのため「祭祀的」で「非日常的」な空間を形成するといわれ、一帯の施設は「神殿」「祭殿」「宗教センター」「宮室《きゅうしつ》」などと評価されもする。この「神殿」説やカギカッコを付けた事項に対するわたしの見解は、大形建物の詳細とともに後で述べよう。

各種の井戸　集落内には中期段階で、大形井戸1を代表とし、各種の井戸が三〇基ほど検出されている。木組井戸が六基含まれ、その形式の採用や規模の大きさ、据え付け穴の方形形状、南北主軸指向などのあり方が、大形建物などの構築と連動しているようである。

図23 ● **大形建物1・大形井戸1遺構（左）とCG復原（右）**
周囲の民家や景観とくらべると巨大さがわかる。

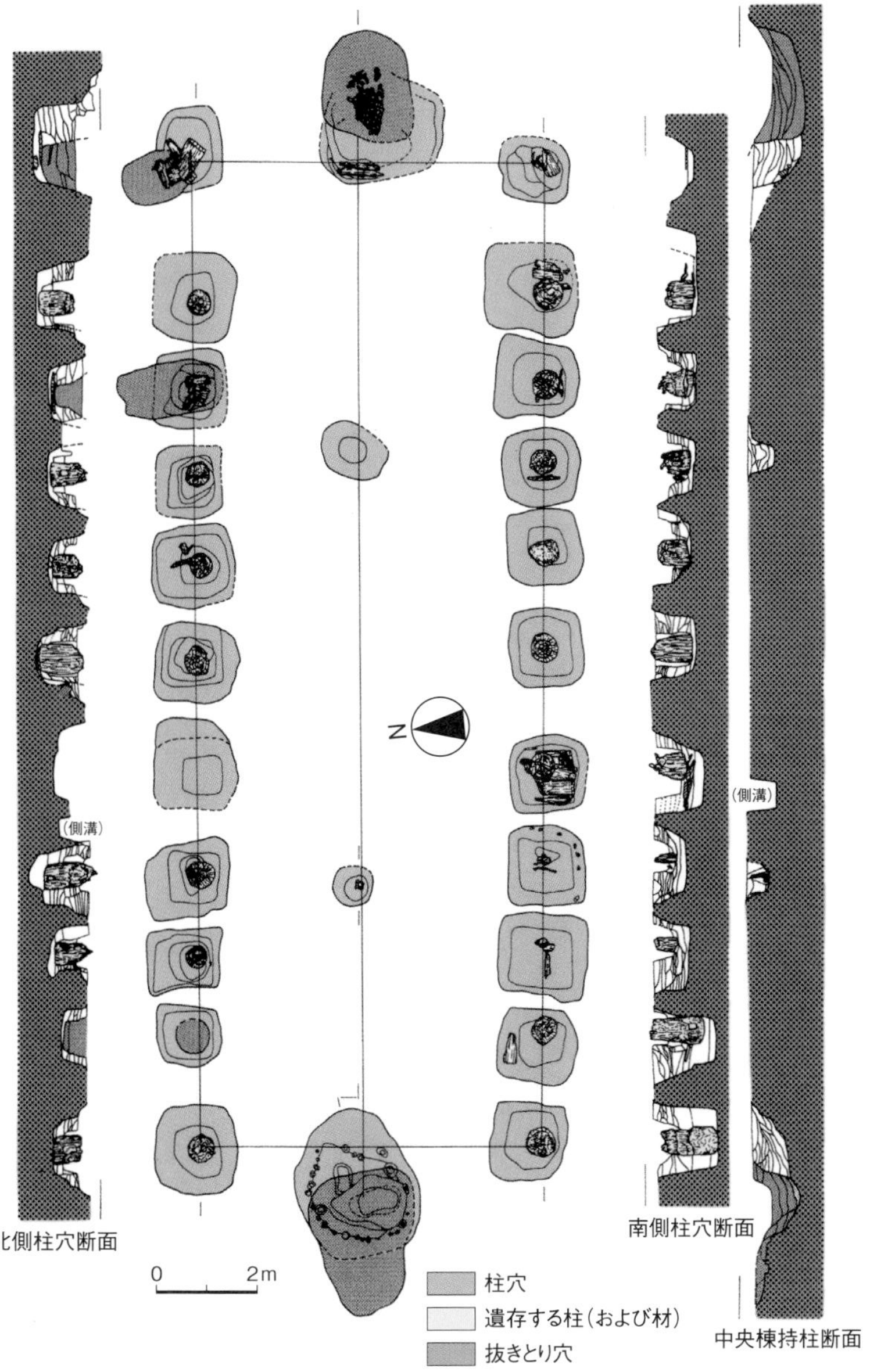

図 24 ● 大形建物 1 の実測図
図の中央は平面図で、上下端の 2 遺構が独立棟持柱の柱穴、その間の 2 小遺構が屋内棟持柱の柱穴、それ以外は建物側柱の柱穴。図の左右は柱列の縦断面図。

また、井戸の分布状況を検討すると、環濠より外側にも存在するが、外濠とした溝を越えてはみられない。外濠が、井戸（水）を日常的に必要とした生活や活動・作業の領域をかぎる境界線としての役目をになっていたことがわかる。

水路・船着き場　集落の北東には弥生各期を通じ、北西に流下する自然流路が確認できた（図16・17参照）。これは集落の立地や環境を考えるうえで重要となる。つまり、遺跡から出土した漁撈関連品の種類や量、分布などから、北環濠帯やその付近の自然流路部が、集落と海を結ぶ水路や船着き場として利用されていたと推定できるのである。

図25 ● 大形井戸1の井戸枠
大木を刳り抜いた代物。使用時は周囲は埋められる。
手前下端に見える穴は水流とり入れ用。

図26 ● サヌカイト剥片の出土状況
「祭祀的」な意味合いで「埋納」された遺構とされるもの。

3　大形建物の変遷

何回もの建て替え

建物の重なり　大形建物や大形井戸は一回かぎり建てられたのでなく、中期後半の短期間に三、四回ほどの建て替えが、ほぼ同位置でおこなわれていた（図27）。

大形建物1の場所には、床面積が五〇平方メートル以上もの大形の掘立柱建物が、五棟も重複して検出された。大形建物A〜D・1とした建築物である。弥生の実年代論や都市論にもかかわる重要遺構なので、各建物についてややくわしくみていこう。

構築の先後関係　建てられた順番は、Ⅲ期後半〜Ⅳ期前半（土器区分ではⅣ―2・3様式期に相当）の間に、D→A→B→C→1、あるいはD→A→B→C・1（同時）の順と想定できる（図28）。また建て替えごとに、付随する大形井戸、その排水溝、区画溝なども造り直された。時期の古い建物から概要を示す。

各大形建物の概要

大形建物D　ほぼ自然地形の傾きにそった南東―北西に主軸をおき、長辺五間《けん》、短辺一間、面積約五五平方メートルである（「間」は柱間《はしらま》数を示す）。屋外の独立棟持柱や屋内の棟持柱は、この最初の建物には一切ない。柱穴は一〇基を確認し、五基に柱が遺存していた。その径は一二〜四五センチをはかるが、大形の四五センチの材は、半分に割った柱が使われていた。柱穴内の土器はⅣ―2に属する。

大形建物A　主軸は大形建物Dから大きく変化し、ほぼ東―西となる。長辺七間、短辺一間、面積約八七平方メートルで、長短辺とも長くなり大形化する。また独立棟持柱が採用され、両妻部に各一基ある。屋内棟持柱も妻部から一間目に各一基が推定できる。この建物の主軸と形式は、以降の大形建物B・1にも踏襲される規範となる。柱穴は一七基を確認し、三基に柱が遺存していた。その径は二七～三九センチをはかる。柱穴内の土器はⅣ―2に属する。付随する大形井戸は確認できないが、大形井戸1に北接し部分的に残る遺構を、この段階の大形井戸Aの一部と推定している。

大形建物B　主軸をほぼ東―西におき、長辺八間、短辺一間、面積約一〇九平方メートルで、より大規模化する。独立棟持柱は両妻部に各一基が推定でき、屋内棟持柱は妻部から三間目に各一基が考えられる。柱穴は一七基を確認したが、柱が元の状態で遺存す

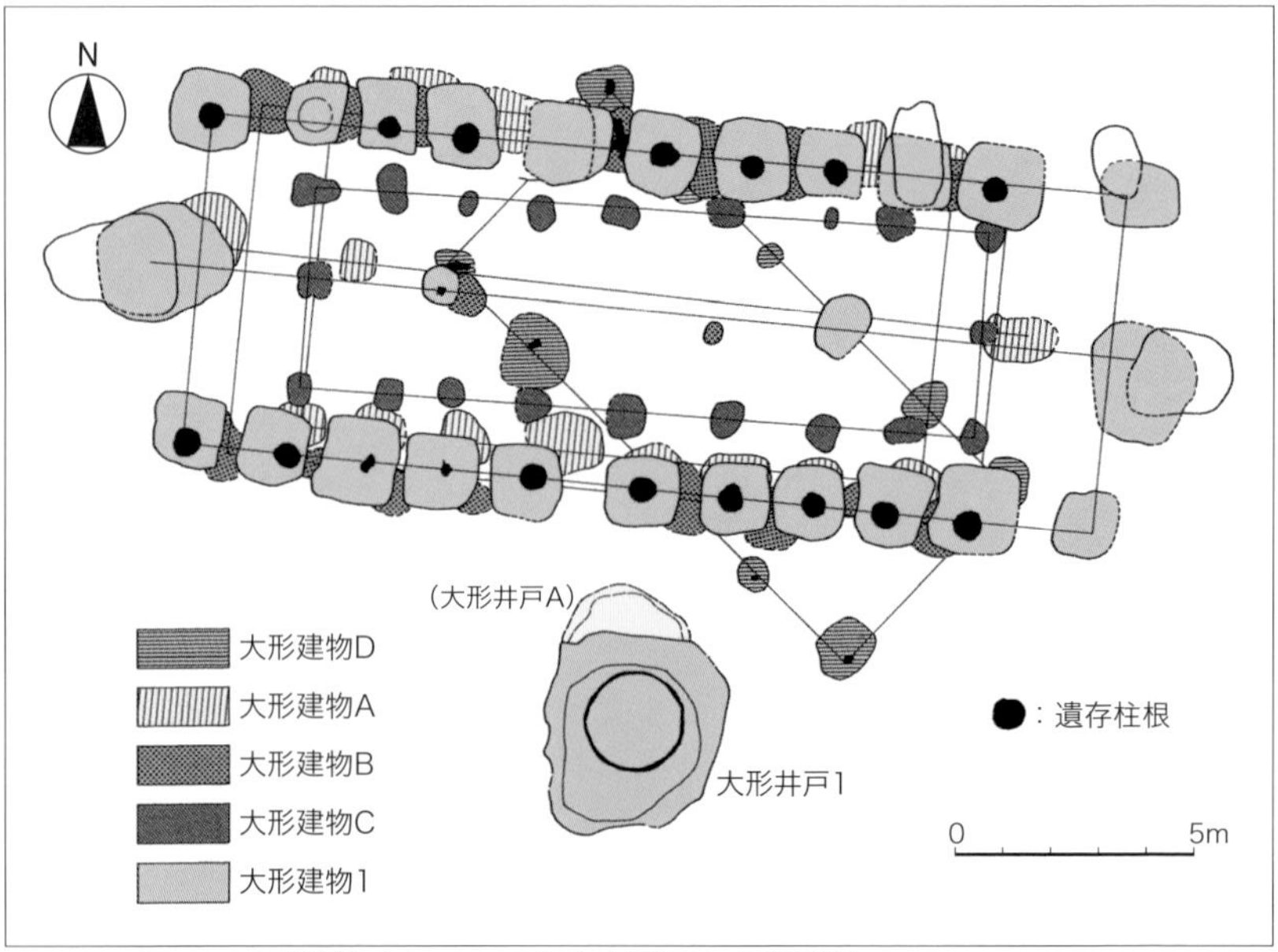

図27 ● **大形建物（A～D・1）と大形井戸の重複関係**
これほど遺構が重なっていると何が何だかわからず、謎解きに何日間も悩んだ。

るものは皆無である。ただし一基には、投棄もしくは横転した柱材があり、径は二〇～三〇センチをはかる。柱穴内の土器はⅣ―2に属する。付随する大形井戸の痕跡をまったく確認できなかったが、後出の大形井戸1と重複する位置にかつて存在した可能性が強い。

大形建物C　主軸をほぼ東―西におき、長辺八間、短辺二間、面積約五七平方メートルである。独立棟持柱や屋内棟持柱はない。主軸だけは大形建物A・Bや大形建物1と共通するが、建物形式は異なり、規模も小さい。柱穴は二〇基を確認し、一基に柱が遺存しており、その径は約一二センチをはかる。柱穴内の土器はⅣ―3に属する。つぎの大形建物1との柱穴の切り合い（先後）関係は不明だが、出土土器から大形建物B・1の間あるいは大形建物1と同時と推定できる。前者なら大形建物1直前の仮設的建物、後者なら大形

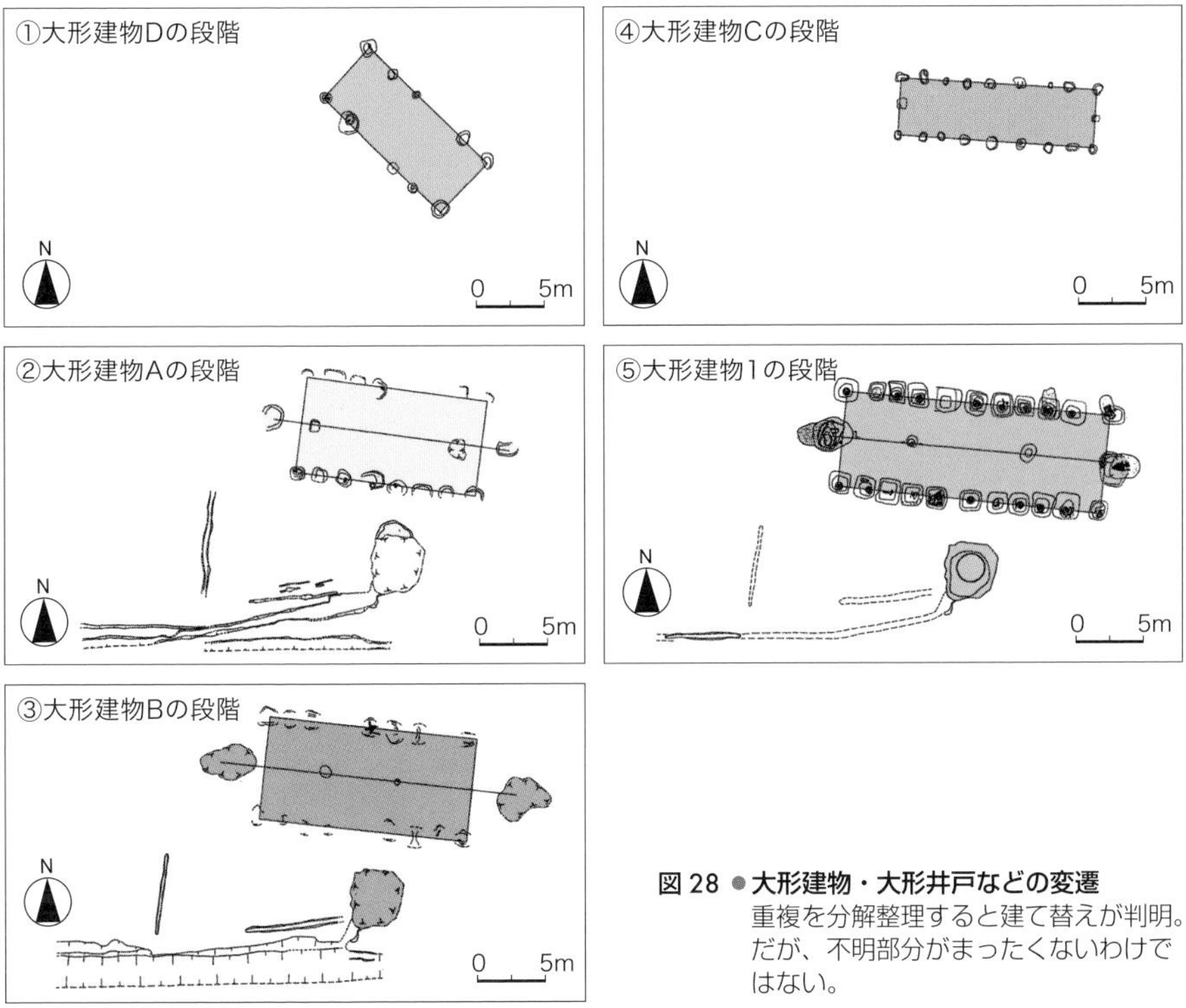

図28 ● 大形建物・大形井戸などの変遷
重複を分解整理すると建て替えが判明。だが、不明部分がまったくないわけではない。

1. 大形建物Dが建てられたころ(Ⅳ－２様式)

2. 大形建物Aが建てられたころ(Ⅳ－２様式)

3. 大形建物Bが建てられたころ(Ⅳ－２様式)

4. 大形建物Cが建てられたころ(Ⅳ－3 様式)

5. 大形建物１が建てられたころ(Ⅳ－３様式)

6. 大形建物１が部分改修されたころ(Ⅳ－３様式)

7. 大形建物１が解体されたころ(Ⅳ－４様式)

8. 大形建物１が解体後放置されたころ(Ⅳ－４様式以降)

図 29 ● 大形建物・井戸の変遷イメージ
建物右下の人物の成長具合が時間の経過幅を表現。土器の形や文様も時期を示す。

建物１の構築時の足場施設や屋内構築物の可能性も想定できる。現在では、大形建物C・１の主軸が少しずれるため、前者の可能性を考えている。

大形建物1　主軸はほぼ東―西、長辺一〇間、短辺一間、面積約一三五平方メートルで、最大規模である。これが最後の建物となる。平面形では、東妻部側のほうがやや開いた長方形を呈する。独立棟持柱は両妻部に各一基、屋内棟持柱は妻部から三間目に各一基ある。

柱穴は二六基で構成され、すべてを確認している。柱穴の平面形は、変則的な棟持柱をのぞき、主軸を建物軸に合致させた正方形ないし長方形状という強い規格性がある。一八基の柱穴にはヒノキとケヤキの柱が遺存していた。

大形建物1の柱の遺存状態

大形建物１に遺存していた柱のあり方には、つぎの三パターンがみられた（図30）。

①構築当初の柱がそのまま遺存する柱穴。屋内棟持柱をのぞくと径四五～六五センチもの大形柱を使用（柱穴12など多数）。

②当初の柱の腐朽にともない、新しい柱に据え替えるための掘り直しが確認できる柱穴。①よりかなり規模が劣る径三〇～四〇センチの柱が遺存（柱穴13・14）。

③柱の抜きとり跡が確認できる柱穴。柱は持ち去られて遺存しない（柱穴22など）。

このうち、パターン②の、柱据え替え形跡がある柱穴の確認は重要となる。それまでの大形建物D→A→B→Cと短期間につぎつぎと建て替えた状況と異なり、腐朽した柱を差し替えてまで、この建物を長期間にわたり維持しつづけた状況を示すからである。

柱穴内や抜きとり穴の土器は、建物構築期の①がⅣ―3（詳細表現ではその古相）、部分的な柱据え替え期の②もⅣ―3、建物廃絶期の③がⅣ―4に属する。特筆遺物として、西側の独立棟持柱の柱穴からヒスイ製の勾玉《まがたま》が出土した。

大形井戸の概要

付随する大形井戸は、大形井戸1の場合、内法《うちのり》径が約二メートルもあるクスノキの巨木丸太材を刳り抜いた井戸枠を備える。枠は一辺約四メートルの平面方形の掘方《ほりかた》（据付け用の掘り込み穴）内に据えられ、高さ約一メートルが遺存する。大形井戸1の構築期を示す掘方内の土器はⅣ―3、使用から埋積・廃絶期を示す井戸枠内の土器はⅣ―4に属する。

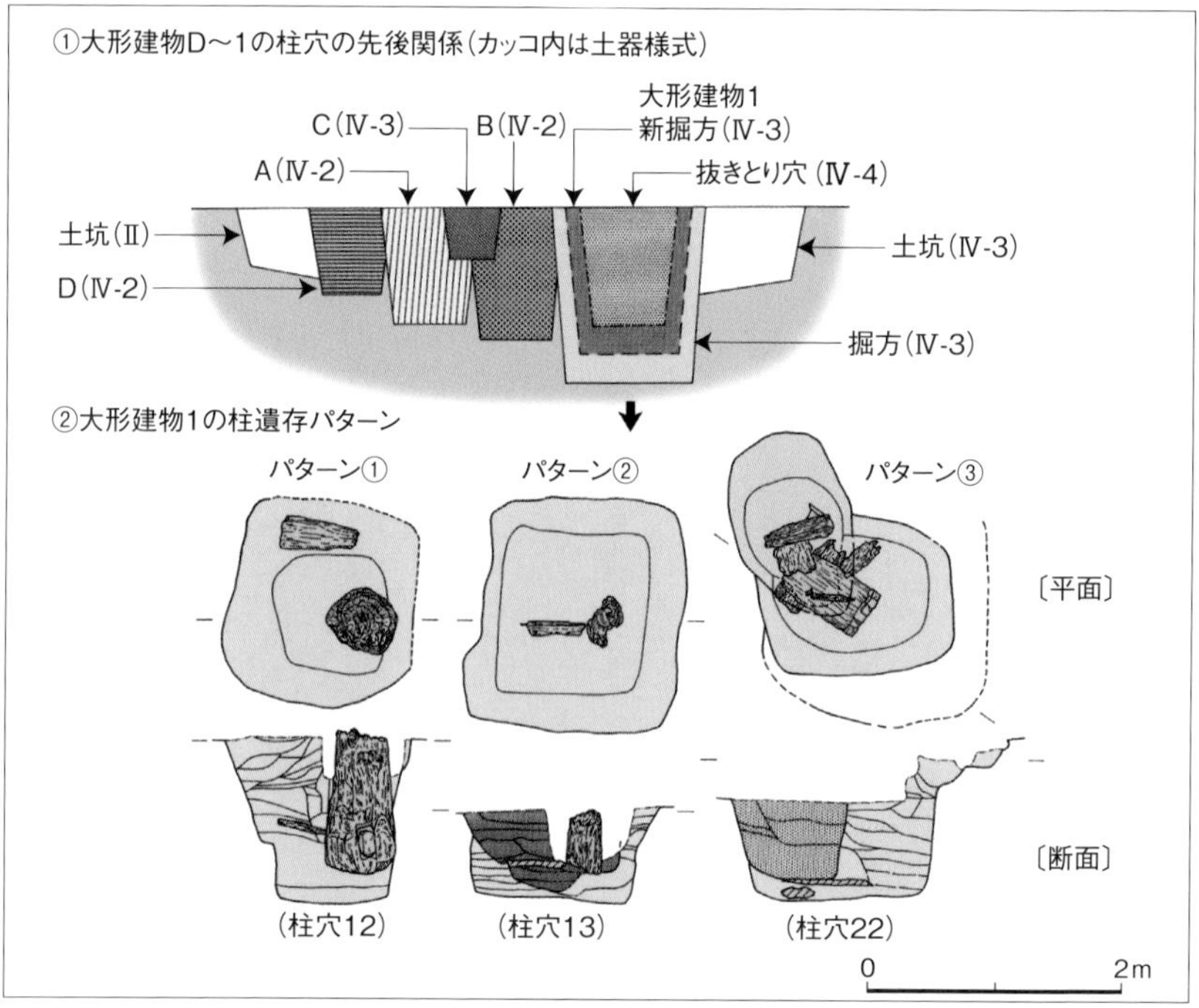

図30 ● 大形建物A～D・1の先後関係と柱穴遺存パターン
糸をほぐすように、遺構の重なりや土器を検討すれば過去の事実が見えだす。

4　大形建物は「神殿」か否か

弥生の神殿論

大形建物1を「祭殿」と称し、本遺跡例を含め、独立棟持柱をもつ建物を「神殿」と評価する、祭祀的な理解に重点をおいた意見が近年とくに根強い。しかも本遺跡では、付近の大形井戸や「祭祀」的とされる他遺構の見解と複雑に絡み合って、後述する都市論と密接に関係しているところに特徴がある。

しかし、わたしは、大形建物1周辺の「祭祀」的とされる諸遺構のほとんどが実利的機能をもつと解釈している。たとえば、「埋納」品とされる各種石器類などは実際の作業状況を示し、「埋納」飯蛸壺はたんに一括廃棄されたもので、「埋設」土器は大形土器を枠に用いた小形井戸(土器井戸)として理解する。さらに、石庖丁《いしぼうちょう》や打製石器、木製農具などの各種の製作途中品が、大形建物・大形井戸からも検出されており、一帯はさまざまな実際的労働空間と評価している。

このような雑然ともいえる作業ヤード的な環境内に、大形建物・大形井戸という特殊で非日常的な施設が継続的に実在したことは、この建物の性格を考えるうえで重要となる。

棟持柱の意味

大形建物の変遷から、問題となる棟持柱の意味を考えてみよう。

一連の建物の構築は、棟持柱をまったく必要としない大形建物Dから開始された。以降、建物規模（床面積）の大形化、すなわち上屋《うわや》構造、とりわけ屋根材の重量が増加したことで、棟木を支える材として独立棟持柱や屋内棟持柱をとり入れた事実は重要である。その際、棟の上部や先端に装飾性を備えた荘厳材《そうごんざい》を載せたことも十分に予想できる。このように、棟持柱の採用には、建築工学上の実利的な面が想定できるのである。

象徴・祭祀的な意味合いに力点をおき棟持柱を付加したのなら、外観からの視覚的効果が期待できる屋外の独立棟持柱だけでよいはずだ。だが、大形建物A・B・1では、外からは見えない二本の屋内棟持柱も併せ採用している。この点は、棟持柱そのものが屋根を支持する構造材としての実際的な機能性を十分に備えており、その目的のために付設されたことを示す。

この実利的かつ現実的な解釈は、大形建物が順次変遷していくなかで、床面積が相対的に狭い五〇平方メートル級の建物D・Cだけに棟持柱が存在しない事実と整合している。

弥生「神殿」論者は、その根拠の一つとして、独立棟持柱が他の建物と異なる外観を示し稀少例に属する特殊構造である点をあげ、さらに棟持柱が「機能的には効果があるかどうか疑わしい」建築材と明言する。しかし、池上曽根での事実は、棟持柱がたんなる象徴や見せかけの柱でなかったことをはっきり示しているのである。

加えて、一般的に掘立柱建物の規模（床面積）が大きくなるにしたがい棟持柱が付設される傾向がみられる事実は、近年の岸本道昭《きしもとみちあき》や鈴木敏則《すずきとしのり》、禰宜田佳男《ねぎたよしお》による近畿や東日本での研究によっても明らかにされつつある。

大形建物の役割

では、大形建物と大形井戸の役割は何だったのだろうか。たとえば、大形建物を手工業生産などにおける共同の作業場や貯蔵倉庫、大形井戸を必要な大量の水を恒常的に確保するための共同取水場と評価する見解が成り立つだろう。大形建物の周辺で、籾殻《もみがら》片やそれに由来する植物珪酸体《けいさんたい》化石（プラント・オパール）がきわめて大量に検出されたことを考慮するなら、この場合の手工業の内容は、個別的一時的な農作業ではなく、組織的かつ継続的な稲籾脱穀などの労働を含めることができる。

なお、建築史学者浅川滋男《あさかわしげお》からも、大形建物1は「神の家」というより複合的な機能をもつ共同体の共有施設とみるべきという見解が提示され、文献史学者榎村寛之《えむらひろゆき》は「棟持柱それ自体には、祭祀的な意味は全く見出せない」としている。大形建物の機能論的な検討にこれ以上深入りしないが、建物だけをとり出すのではなく、今後、遺跡内の他の遺構や遺物との関連に即した議論が、各地の事例で活発化することを切望する。

図31 ● **池上曽根によみがえった大形建物・大形井戸**
インパクトがあり来園者に強い印象を与える。
荒唐無稽ではないが、構造や意匠は検討後の一案だということは要認識。

第4章　弥生実年代のゆくえ

1　池上曽根事件

日没後の現地作業

発見された大形建物・大形井戸の柱や井戸枠は、一九九五年度中に発掘現場からすべてとり上げた。木質遺物は放置すると、腐って消滅したり干からびて変形するので、すぐさま保存処置する必要があったからである。段違いな巨大さから、重量クレーンを使った大がかりな摘出作業となり、処理用の薬剤含浸槽《がんしんそう》も専用特注品があらたに建造された。現地でのとり出し実施日には、報道関係者も大勢詰めかけ騒動となったが、それよりもそこにいたるまでの準備作業がたいへんだった（図32）。

二遺構とも複雑な構造だっただけに慎重さが求められ、掘り進むのも少しずつで、記録の写真撮影や図面作成などに通常の発掘にくらべ破格の手間と時間を要し、難航の連続だった。搬出日をイベントとして事前に設定してあったため、間に合わせるのに、発電機で灯りを確保し星空の下での現地作業を何日間も続けた。

それには、調査に参加していた考古学専攻学生らが根気よくつき合ってくれた。大過なく乗り切れたのは彼らの尽力が大きかった。この時にかぎらず、池上曽根の発掘・整理では学生諸君の新鮮な頭脳と体力に助けられた。厄介な作業や難問解決に一緒に立ち向かってくれた。彼らは現在、文化財関係の職を得て各地で活躍している。池上曽根時代の経験が何か役立っていればと念じるが、ともかく彼らにはいまも感謝している。

搬出直前の夜の図化作業。後方看板はわたしたちを温かく見守っていたタバコ広告塔の高倉健。

柱材のとり上げ。ミイラのように布でグルグル巻きにして、傷つけないよう十分注意した。

井戸枠のとり上げ。内側に型枠を置き、発泡ウレタンで保護。報道陣も興奮ぎみに大騒ぎ。

図32 ●大形建物柱と大形井戸枠のとり上げ

光谷拓実と年輪年代測定

そのようにしてとり出した大形建物1の柱が、弥生実年代の研究に新しい扉を開いた。奈良国立文化財研究所（当時）の光谷《みつたに》拓実《たくみ》によって、年輪年代測定の成果がだされたのである。

その詳細を述べる前に、思い出話を許されたい。二五年ほど前のことだが、内輪の会で光谷から年輪年代測定の講義を受けたことがある。それは当時大阪府教育委員会にいた広瀬《ひろせ》和雄《かずお》が中心となり数人で、各地各分野の研究者を招いて教えを受けるという勉強会でのことだった。当日、年輪年代学の基本から将来の展望まで拝聴した。そして、感動をおぼえつつも、雲をつかむような研究と感じた。

それ以降、懇意にさせていただいているが、苦節の後、国内初ともなる画期的な研究の結実がわたしの担当現場で得られたことを率直に嬉しく思う（図33）。光谷の紆余曲折が池上曽根で花開いたストーリーは、テレビのドキュメンタリー番組にうってつけである。もしとり上げられたなら、日夜奮闘した学生諸君のこともぜひ盛り込んでもらいたいと願っている。以下、本題に戻ろう。

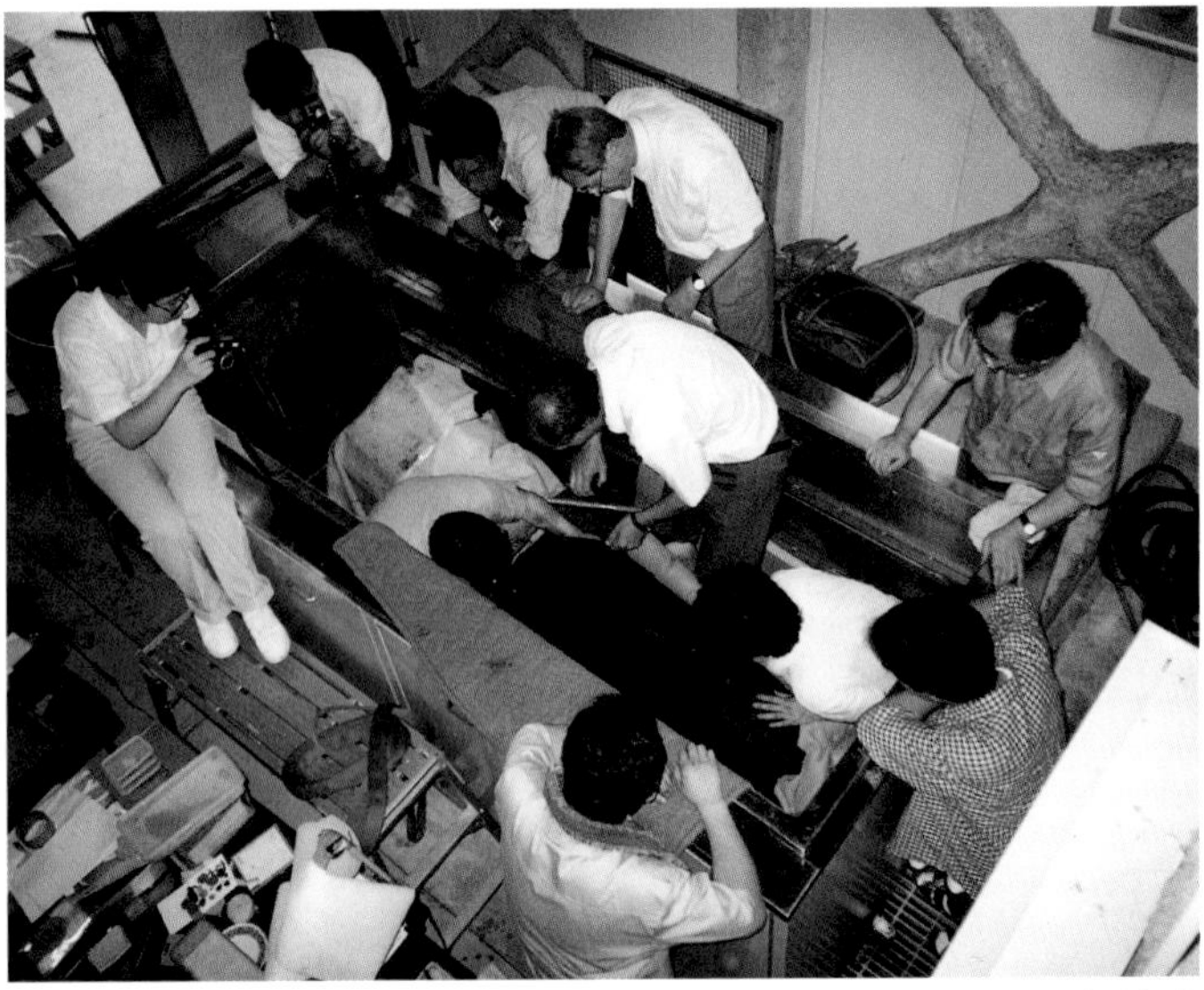

図33 ● **大形建物1の柱穴12柱からサンプルをとり出す光谷拓実**
1998年来阪時。周囲には春成秀爾、今村峯雄、中西靖人らの顔も見える。

年輪年代の測定

測定値BC五二年　大形建物1の柱遺存パターン①（図30参照）が示す建物の構築期は、土器でⅣ―3様式段階と特定できた。これに含まれる保存良好なヒノキ柱五本を選定し、年輪年代測定を実施した。

その結果、表皮を剥いだだけで最外部にあたる辺《へん》材《ざい》（白太《しらた》）が完存する柱穴12がBC五二年、辺材が一部遺存する柱穴20がBC五六年、辺材がまったく残らない、柱穴4がBC九三年、柱穴16と柱穴17がともにBC一一三年という、柱最外面における年輪の測定値がでた（図34）。

Ⅳ―3との接点　とくに柱穴12は、伐採年あるいは立ち枯れした年が判明し、大形建物1の柱のうち少なくとも一本がBC五二年の調達と確定できたことになる。

この柱は、もっとも腐朽しやすい底面付近を切りとった形跡がなく、運ぶため穿《うが》たれた目渡孔《めどあな》（筏《いかだ》孔《あな》）も完存し、現状では過去の材からの転用や再利

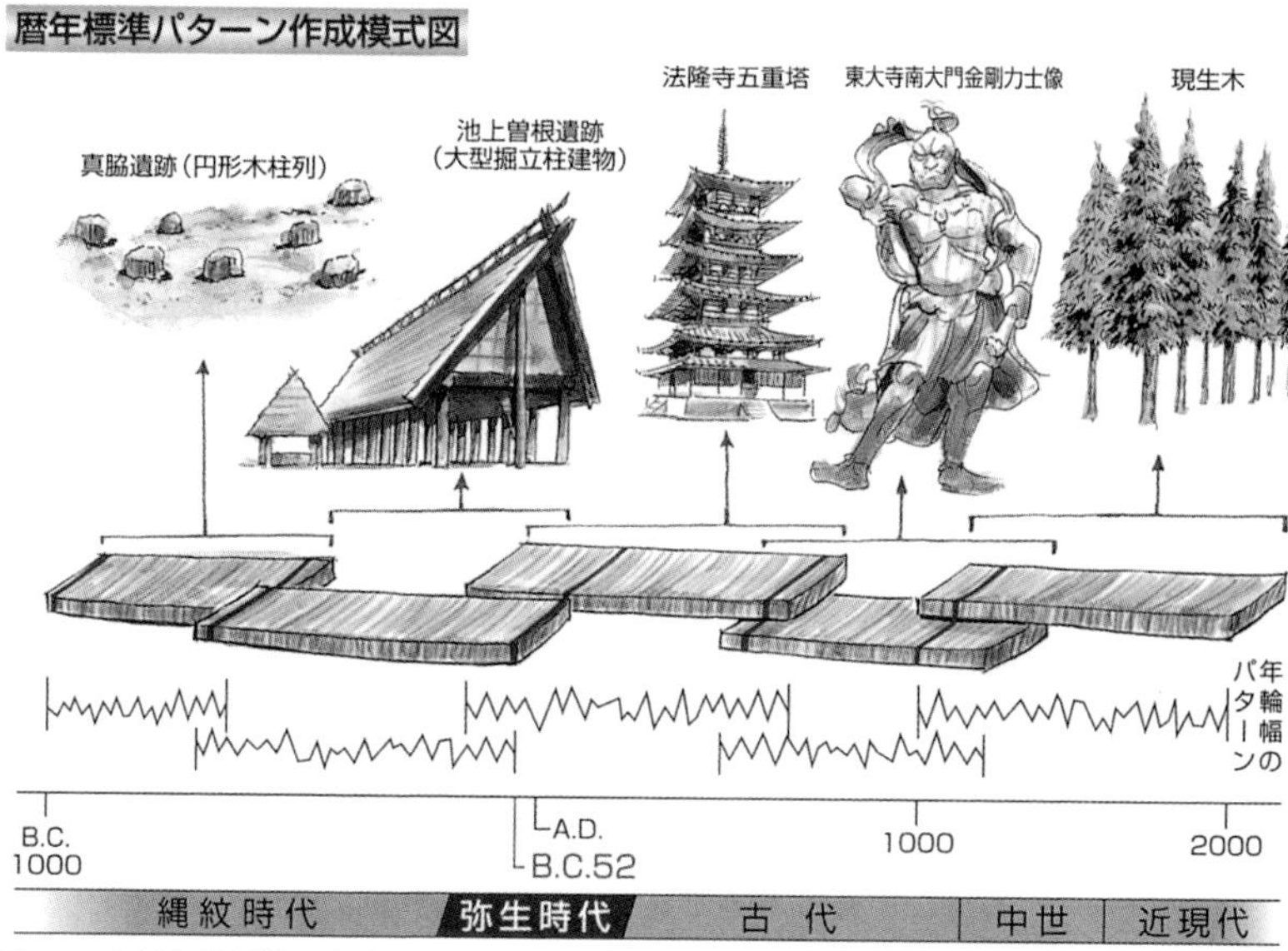

図34 ● 年輪年代測定の方法
年ごとの年輪個性（幅）をみきわめ、現生木から順にさかのぼっていくと、過去の年輪の実年が判明する。

用とは積極的には考えにくい資料だった（図35）。

また、特定の建物用として切り出された材が、すぐ使われず何年も放置されたとも想定しにくく、このような大形建造物では、材調達や構築が比較的短期間で一度になされるとしたほうが自然である。そのため、大形建物1の構築がBC五二年ないしその直後の可能性が高いと推定した。

柱穴20も転用を考えなくてよい柱だが、BC五六年＋α（遺存辺材厚からα＝三～四年か）という近似年代が測定されたことは、柱穴12柱が再利用でない傍証ともなり、両者の伐採期がほぼ同時だった可能性を示唆する。以上から、BC五二年という実年代が、土器様式では弥生中期後半Ⅳ—3に接点をもつ「蓋然性が高い」と判断した。

一〇〇年さかのぼる建築年

学界への衝撃　ほとんどの研究者はそれまで、大形建物1が建てられたのはAD一世紀後半にほぼ間

図35 ●大形建物1の柱穴12柱
南側柱列の西から2番目の柱穴に残っていたヒノキ柱材。左が基部。
方形孔は運搬用のもの。人物の脚とくらべると大きさが実感できる。

違いないと考えていた。そのため、ＢＣ五二年という数値は従来の一般的な弥生年代推定を最大で一〇〇年もさかのぼる結果となった。

その成果が、史跡指定のちょうど二〇年目にあたる九六年四月二六日に大々的にマスコミ発表され、すぐさま学界にセンセーショナルな衝撃が走った。これら一連の出来事は後に、酒井龍一によって「池上曽根事件」と称された。

なお、大形建物１の前身建物Ａ～Ｄでも部分的に検出できた柱の測定を試みたが、残念ながら遺存状態が不良で年代値は得られなかった。

極度の緊迫感　この測定結果は、遺跡事務所のわたしの許へ、報道に先立つちょうど一カ月前の三月二六日に届いていた。非常な驚きとともに、正直いって困惑した。そして公表までの悪夢のような日々がはじまった。

大形建物１にかかわる遺物の整理作業はまったく未着手の状態だったからだ。発掘担当者としては、速報的にでも原データを提示し評価する必要性を痛感せざるを得なかった。

報道発表の直前、現地調査に忙殺されるなか、検討作業を実証的にしかも短期間に遂行しようとした、当時の極度な緊迫感を決してわたしは忘れない。時間と人手がなかった。発掘終了の夕刻以降や休日しか、実際の検討にかかれない。いまふり返ると疲労困憊《こんぱい》の連続だったが、もっとも仕事と勉強に集中した時期でもある。土器の水洗や注記、接合、図化などの基礎作業も含め、補助員さんらの手に負えない分はわたし自身がこなした。この切迫かつ緊張した日々は、誇張表現が散見されるが、ルポ風書物（倉橋『卑弥呼の謎　年輪の証言』）にも紹介された。個人的にはやや気恥ずかしいものの、現在では懐かしい。

年輪年代と考古資料のすり合わせ

考古サイドの検証　大形建物1では、柱穴などから土器片が多数出土していた。ただし、意図的に埋置された例は皆無で、厳密な意味では構築時の確実な共伴品と断定できる資料はない。また、大形建物1の周辺には数多くの先行遺構がみられたため、柱穴造作の段階にそれらに属する遺物の混入が多くあったと想定された。

現地調査では、重複する後出遺構にも留意した。具体的には、各柱穴を東西南北に四分し、遺物出土の位置と深度、特徴などを記録してとり上げた。たとえば、問題となる柱穴12では、幸いにも大部分の土器は後出遺構のない南西埋土から出土し（図36）、一方、後出遺構とだぶる北東埋土からはほとんどないことを確認した。

そのようなチェックを各柱穴にも地道におこなった。この遺跡のように類似埋土からなる遺構の重複が多い発掘では、その厳密性はもとより不十分と承知しているが、かなり注意しつつ発掘を実施したことは、その後の混乱を最小限におさえるのに大いに役立った。

可能性と蓋然性　柱穴12柱の伐採がBC五二年という成果を否定する材料は、考古学の方法論において現状では絶無であり、まずは不動としなければならなかった。しかし、それをめぐる考古事象に関しては、何一つ確定していないといえなくもなかった。

先に、柱穴12柱には再利用がなく、材の伐採年あるいはその直後が建物の構築実年代となる可能性を述べた。また柱穴土器がⅣ―３（古相）を下限とし、その様式段階が構築の考古（相対）時期を示す可能性に到達した。しかし、両者ともあくまでも可能性の範疇にとどまる。

ＢＣ五二年あるいはその直後に掘られた柱穴に、Ⅳ―３を下限とする土器が入っている事実が動かないとしても、この一現象だけでは、Ⅳ―３がＢＣ五二年前後だと確定できることにはならない。厳密には、それぞれ独立した事項として各時期の上限を示しているにすぎない。

このような流動性ある状況だったが、柱材の考古学的解釈の可能性の高さ、柱穴土器の様式比定の可能性の高さ、という二要素から、土器のⅣ―３様式（詳細ではその古相）がＢＣ五二年ごろであった蓋然性が高い、と評価したわけである。

図 36 ● 大形建物１の柱穴 12 から出土した土器
小片しかなかったが、他の柱穴土器も慎重に検討し、Ⅳ-3 様式期が建物構築の考古学的な相対年代と推定できた。

2　出る幕を違えていた弥生社会

近畿実年代論との関連

貨泉の流入　弥生中期後半の実年代が一〇〇年さかのぼると、それに直続する後期の開始期が古くなる可能性がでてくる。これに関し注意されるのは、一般的にＡＤ一四～四〇年の鋳造とされる中国王莽《おうもう》期の銭貨「貨泉《かせん》」が、近畿では亀井《かめい》遺跡、巨摩《こま》遺跡、さらに可能性として瓜《うり》破《わり》遺跡（いずれも大阪）、瀬戸内では高塚《たかつか》遺跡（岡山）などで、後期初頭（河内《かわち》Ｖ—0様式および上東鬼川市《じょうとうおにがわち》Ⅰ式）の土器にともなって発見されていることである（図37）。

特定の大陸文物が、近畿から瀬戸内の限定された小様式に集中して出土するということは、鋳造期との時間差があまりなく伝来したと想定するのが可能で、「西暦一世紀前半代を上限とする急速伝播」を考える森岡秀人《もりおかひでと》説に妥当性を認めてよいことになる。

後期のはじまり　ＢＣ五二年とふれあうⅣ—3（古相）から、後期初頭Ｖ—0の開始までには土器ではほぼ二小様式分が存在する。一小様式の時間幅をどれくらいに見積もれるか不明だが、従来から漠然と想定される平均では三〇～五〇年である。一方、Ⅳ—3に直続するⅣ—4は、各地の出土頻度から類推してさほど長くないと予想できる。これらを加味すると、貨泉が共伴したＶ—0の開始年代は、貨泉の初鋳年とされるＡＤ一四年（『漢書《かんじょ》』食貨志《しょっかし》）あるいはＡＤ二〇年（『漢書』王莽伝）にかぎりなく近接すると考えざるを得ない。

『漢書』（王莽伝）には、「東夷《とうい》の王は大海を渡ってその国の珍物を奉った」という記録があり、西谷正《にしたにただし》は「東夷の王」が倭《わ》国使者である可能性を推定する。これが妥当なら、王莽期における倭（弥生社会）と中国中央とのダイレクトな交渉を示し、鋳造直後の貨泉が直接もち込まれたとする理解に正当性を見出しうる一材料となる。

以上から、弥生後期（Ⅴ—０）の開始は、ＡＤ一世紀初頭ないし前葉となる公算は高いだろう。

九州実年代論との合致

北部九州では、近畿と異なり、甕棺墓《かめかんぼ》から発見される多量の漢鏡などの舶載《はくさい》文物がある。それを中国・漢墓《かんぼ》副葬鏡群の編年と対比させて実年代を推定し、中・後期の区切りを紀元前・後の境あたりに比定してきた。

池上曽根の成果から、近畿の後期初頭をＡＤ一世紀初頭〜前葉に比定させ得るとなれば、両地方の実年代観がほぼ一致したことになる。また瀬戸内の後期開始とも符合し、汎西日本的に年代の合致をみることになった。

近年の土器研究によっても、西日本間の後期初頭が時期的にほぼ併行するという見解が提示されている。器形・大きさ・技法が共通した下川津《しもかわづ》Ｂ類と呼ばれる讃岐（香川）系土器の高杯《たかつき》が、近畿の亀井遺跡や瓜生堂《うりゅうどう》遺跡（大阪）、北九州の板付《いたづけ》遺跡（福岡）などで、各地の土

図 37 ● 河内地域（大阪）出土の貨泉
左下：巨摩遺跡、他：亀井遺跡。

器区分における後期初頭に搬入されているのがそれを証明する。

以前では近畿・九州間の後期開始期に食い違いがあるとされてきたが、そのようなタイムスケールの読み換えが不要になったことを、池上曽根の成果は示している。また、比定実年代のズレに気づかないまま議論していた、それまでの各地における歴史的展開の評価は、組み立ての変更を余儀なくされることを意味しよう。

近畿弥生社会と東アジア史

漢書地理志　「楽浪《らくろう》の海中に倭人《わじん》有《あ》り、分かれて百余国を為《な》し、歳時《さいじ》を以て来りて献見《けんけん》す」。中国史書に倭人が最初に登場する『漢書』（地理志）のこの内容は、ＢＣ一世紀中ごろの認識である。だが、これまで近畿では、弥生中期初頭を前後するあたりのようすを表現するとされてきた。

それが今回の成果によって、実際は、池上曽根がもっとも範囲を拡大し大形建物1が構築された中期後半の時期、つまり、拠点的な大形集落が近畿の各地域に形成され、数多くの方形周溝墓を構築した段階だったと判明したのである。いうなれば、これまで出る幕を違えていた近畿弥生社会を、東アジア史の舞台上に正当に位置づけたのである。

分為百余国　これを受け、「分かれて百余国」と表現された「国」は、中期後半を中心とした時期の、拠点集落を核に据えた集落間の結びつきと、その集団領域をさす社会的単位であるという、弥生遺跡の実態に即した理解が可能になった。このことは中国史書に表現された内容と近畿弥生集落の存在形態との確実な一接点を獲得したことになり、その後の『後漢書《ごかんじょ》』や『魏志《ぎし》』に記載される内容と考古実態との検討をより正鵠《せいこく》を射た議論で展開できる下地を用意した。

まだ一定点だけだが、そこからほぼ同時代的な時間の物差しを用いつつ、西日本各地はもとより東アジア史的な視野で比較検討できる方向性を示した。池上曽根の年輪年代とそれをめぐる考古学的現象の整理の意義はそこにあろう。ちなみにBC五二年は、エジプトのクレオパトラが女王に即位する前年にあたる。このように、より西方世界の歴史との親近感をも深めたのである。

3　その後の実年代追究

炭素14年代によるクロスチェック

一九九八年七月、国立歴史民俗博物館の春成秀爾《はるなりひでじ》と今村峯雄《いまむらみねお》が、先に紹介した光谷とともに、柱穴12柱の試料採取のため来阪《らいはん》した。縄文の実年代比定に成果をあげていた炭素14年代測定プロジェクトが、その精度検証を目的に弥生試料測定を実施するためであった。これは、従来のベータ線法ではなく、より高精度の加速器質量分析法（ＡＭＳ法）を使う測定法でなされた。

具体的には、年輪年代法であらかじめ年代特定されたこの柱の、表面から一〇三、一三三、一六三、一九三番目の年輪を中心に一〇年分の年輪に対して炭素14年代測定をおこなった。その数値を年輪年代法にもとづく暦年較正曲線と比較し、ウイグルマッチングという統計方法で解析した。その結果、年輪年代でBC五二年だった柱の最外側の年輪が、炭素14較正年代ではBC六〇±二〇年（BC八〇～四〇年）という、比較的類似した値がでた（図38）。

これは炭素14測定年代の誤差における実年代推定域を狭め、高精度化を試みる方法のチェックにこの柱材を用いた成果であり、年輪年代と炭素14年代という異なる手法の測定検証における好ケーススタディとなっている。

この値を耳にした際、年代測定の門外漢である考古関係者には大きな驚きだったが、当時その内容はほとんど報道されなかった。弥生試料にも積極的に炭素14年代測定が実施されだす二〇〇一年度より前に、このように池上曽根の柱材が相互検証に供され、重要成果をあげた事実をあらためて特筆しておきたい。

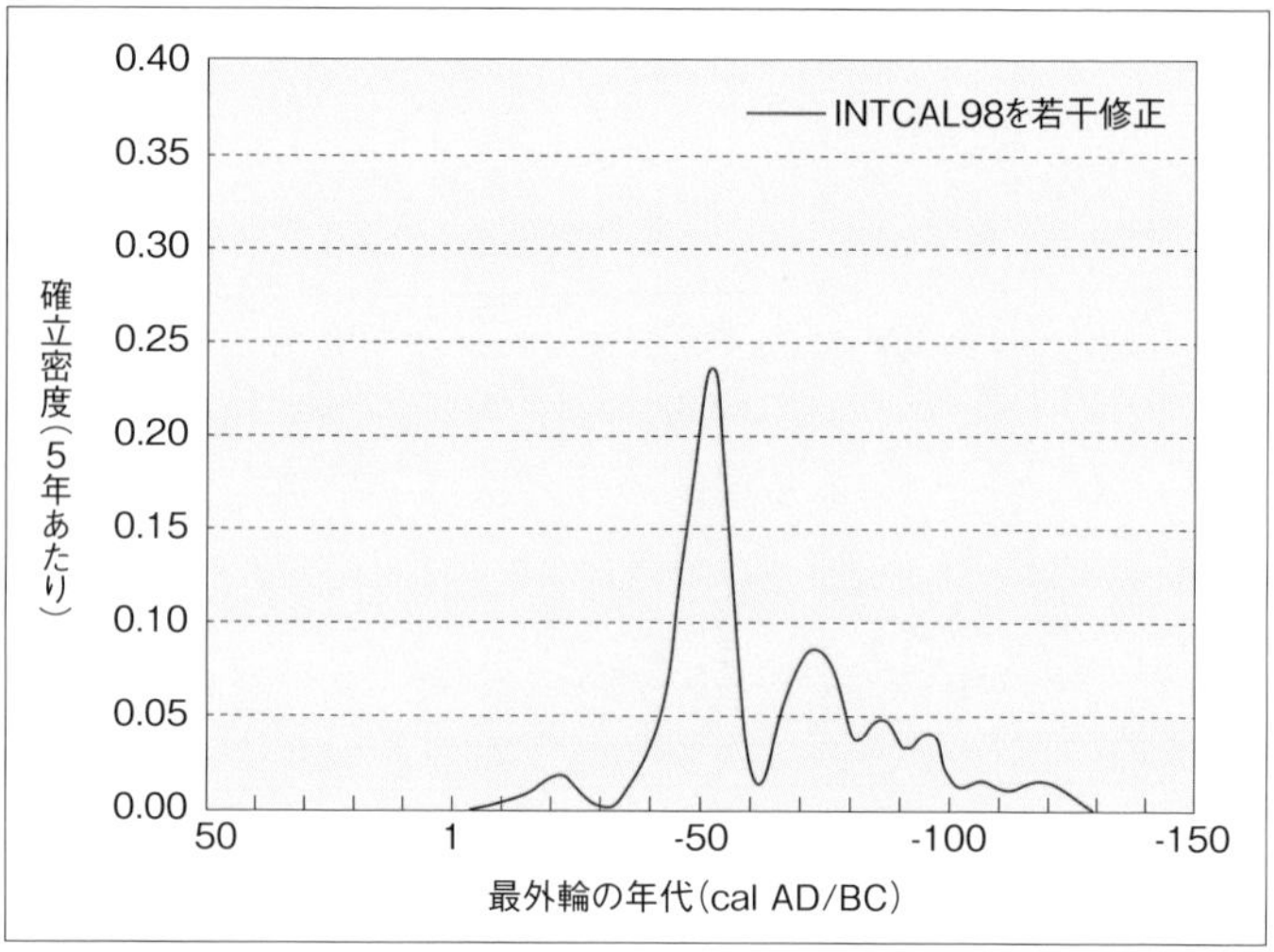

図38●柱穴12柱の炭素14年代測定較正年代
年輪年代BC52年の試料を、BC60±20年である確率が著しく高いと測定。

検証過程への疑問

「BC五二年＝弥生中期後半（Ⅳ―3）」の蓋然性は、その後、各種研究会や多くの研究者によって実年代論の「定点」として基本的には認められ、博物館の年表も改変される趨勢にいたった。それ以降に測定された各時代の年輪年代をみても大きな矛盾がなく、大勢として是認されたと判断できる。そして現在では、池上曽根の年代成果を基礎とすることがほぼ常識化し、弥生研究が進行している。また、古墳時代の開始期をスライドして引き上げる論拠にされる事態にも発展し、派生する問題ははかりしれない。

一方、近年における三角縁神獣鏡《さんかくぶちしんじゅうきょう》の詳細研究の面からは、古墳の出現が二六〇年ごろとする見解がだされている。そして、慎重な古墳研究者のなかからも、定型化した最古の大形前方後円墳とされる箸墓《はしはか》古墳（奈良）の被葬者が二四七年か二四八年に死去した卑弥呼《ひみこ》とする説が主張されるようになり、このところ有力視されつつある。

このような状況のなかで唯一、わたしのとった検証過程に警鐘を鳴らす研究者に寺沢薫《てらさわかおる》がいる。具体的には、大形建物1の柱が転用かどうかの認定に関し疑義を呈している。

その論点は、大形建物1の柱は、前身遺構の大形建物A～Dからの転用をくり返した材で、BC五二年はその場所で最初に構築された大形建物Dの時期を示しており、その比定こそが寺沢想定の実年代観に合致する、というものである。

この見解は、一九九八年には「池上・曽根遺跡の実年代は、材の再利用の可能性を十分に吟味してからでないと、そのままでは使えない」という概括的な表記だったが、二〇〇〇年に刊行された『王権誕生』（日本の歴史02）では、「前五二年は建物が最初に建てられた第Ⅳ―1様式にあたる可能性が強まったのである。考古学者が資料の取り扱いを慎重にしなければ、せっかくのデータも正しく生きてはこない」と断定的に記載されている。

柱転用の問題

土器の時期比定　九六年の報道発表やその直後で、大形建物1に関してわたしがもっとも憂慮したことは、第一に建物の土器様式比定、第二に柱転用の有無の二点だった。したがって、これらをめぐっては、十分に配慮した注意深い資料論を展開したつもりである。

前者については、柱穴内に意図的埋置の土器が皆無で、小片しかない二級データにもとづく時期比定をせざるを得なかった。この方法論的な弱さに当然ながら危惧を抱いていた。しかしこの点は、先述のとおり報道直後からまったく疑問が提出されず、むしろ当該様式の設定者である寺沢をはじめ多くの土器研究者により承認され、ひとまずは安堵にいたった。

柱材の転用　一方、柱の転用に関しては、寺沢から具体的な問題提起がなされたわけである。九六年段階は、大形建物1に先行する大形建物A～Dの具体的な評価が定まる前だったが、諸々の状況証拠も含め、大形建物1の柱は「過去の材からの転用や再利用とは積極的には考えにくい資料」と判断した。その後、前身建物の内容が判明し、それらの一部には柱が遺存しており、その大きさが把握できた。半割り材を用いた変則例を除外すると、前身建物の柱は、大形建物1にくらべてかなり小規模と解明できたのである（図39）。

物理的にみて、最後の構築物である大形建物1の柱は、少なくともその場所での建て替え前の建物からの転用材であり得ないのが明白になった。大形建物1の柱が再利用品でないとする見解にとって有利な状況証拠を加えた。

循環論　この事実が、寺沢論考では無視されている。大形建物A～D柱材の実態を尊重し議論の前提にすえるなら、大形建物Dから代々再利用された柱が大形建物1に転用された可能性は絶無である。

ただその再反論として、大形建物1の柱が近接の他所に存在した大形構築物などからの転用品とする仮定は、当然ながら完全には否定できない。しかし、この種の議論が非生産的な循環論に陥るのは明白である。私見の妥当性を確認しつつも、右の寺沢想定もわたしの理解も現時点では決定的な証拠が欠如するという事実を、現在は厳粛に受けとめておくべきだろう。

他遺跡の年輪年代　これまでは池上曽根に関することに限定しコメントを付してきた。弥生の領域だけでも他遺跡の年輪年代測定値に踏み込めば膨大な紙数を要する。

大形建物Aの柱穴11
柱材最大径34cm

大形建物Bの柱穴5
柱材最大径30cm、横転状態

大形建物1の柱穴11
柱材最大径64cm

大形建物1の柱穴17
柱材最大径61cm

図39 ● **大形建物A・B・1の柱の大きさ**
大形建物1の柱は他の前身建物のものにくらべ格段に大形である。

たとえば、池上曽根ともっとも関連がある事例に、二《に》ノ畦《あぜ》・横枕《よこまくら》遺跡（滋賀）の測定値がある。ここでは、ＢＣ九七年がⅣ様式後半もしくはⅣ―3、ＢＣ六〇年がⅣ様式後半から末もしくはⅣ―4という、年輪年代と土器様式との対応関係が提示されている。だが、この対比にかぎっても、各地土器との時間的な併行関係の問題や、年輪年代と土器様式変遷との齟齬（逆転現象）を含め、いまだ未解決のところが多い。

いまは、中期後半のⅣ様式にＢＣ一世紀代の年輪年代値がでているという傾向を、重要な観点として確認することに意味のある段階であろう。

歴博弥生幕開け事件

その後、国立歴史民俗博物館による炭素14年代プロジェクトは、弥生の測定を精力的に継続した。なかでも、二〇〇三年五月に発表された「弥生時代の開始が五〇〇年さかのぼってＢＣ一〇世紀ごろ」というニュースが、国民の関心をよんだ。池上曽根事件にならい、「歴博弥生幕開け事件」とでも称すべきだろう。当初、北部九州や韓国の試料を測定したこの研究は、それ以降、中・四国や近畿にも東進しつつある。近畿では、唐古《からこ》・鍵《かぎ》遺跡（奈良）と河内地域（大阪中部）の諸遺跡などが第一の対象となり、測定が進行中である。

弥生時代時期区分	前期		中期				後期	
	Ⅰ期		Ⅱ期	Ⅲ期		Ⅳ期	Ⅴ期	
	前半	後半		前半	後半		前半	後半
年代	ＢＣ 7～6 世紀	ＢＣ 6～5 世紀	ＢＣ 4 世紀	ＢＣ 3 世紀	ＢＣ 2 世紀	ＢＣ 1 世紀	ＡＤ 1 世紀	ＡＤ 2 世紀

図 40 ●春成秀爾の提示する近畿弥生実年代
2003 年段階における、炭素 14 年代測定から想定された大要比定案。

わたしがかかわった瓜生堂遺跡なども含めた途中成果をもとに、春成秀爾は仮案としながらも、近畿の弥生実年代の大略的な時間幅を提示している。ここでも、弥生前期は従来説より四〇〇年ほどくり上がる。その比定は近い将来、補強・修正されて整備されるのは自明であるが、判明するかぎりこれまでの年輪年代測定値との矛盾は一応みられない。参考までに掲載すると図40のとおりである。

これまで同博物館から公表された測定値（較正年代）が、土器の様式・型式の変遷とうまく符合しているのは事実である。問題となってくるのは、考古学者が想定する年代より、時期がさかのぼるといずれも古い値がでていることである。しかし一方で、弥生中期後半にあたる池上曽根の年輪年代測定値と炭素14較正年代とは合致しているといえる（図41）。

現時点では今後、年輪年代と炭素14年代の測定例の増加を見守りつつ、考古事象との整合性に十分な留意をしていきたい、と考えている。

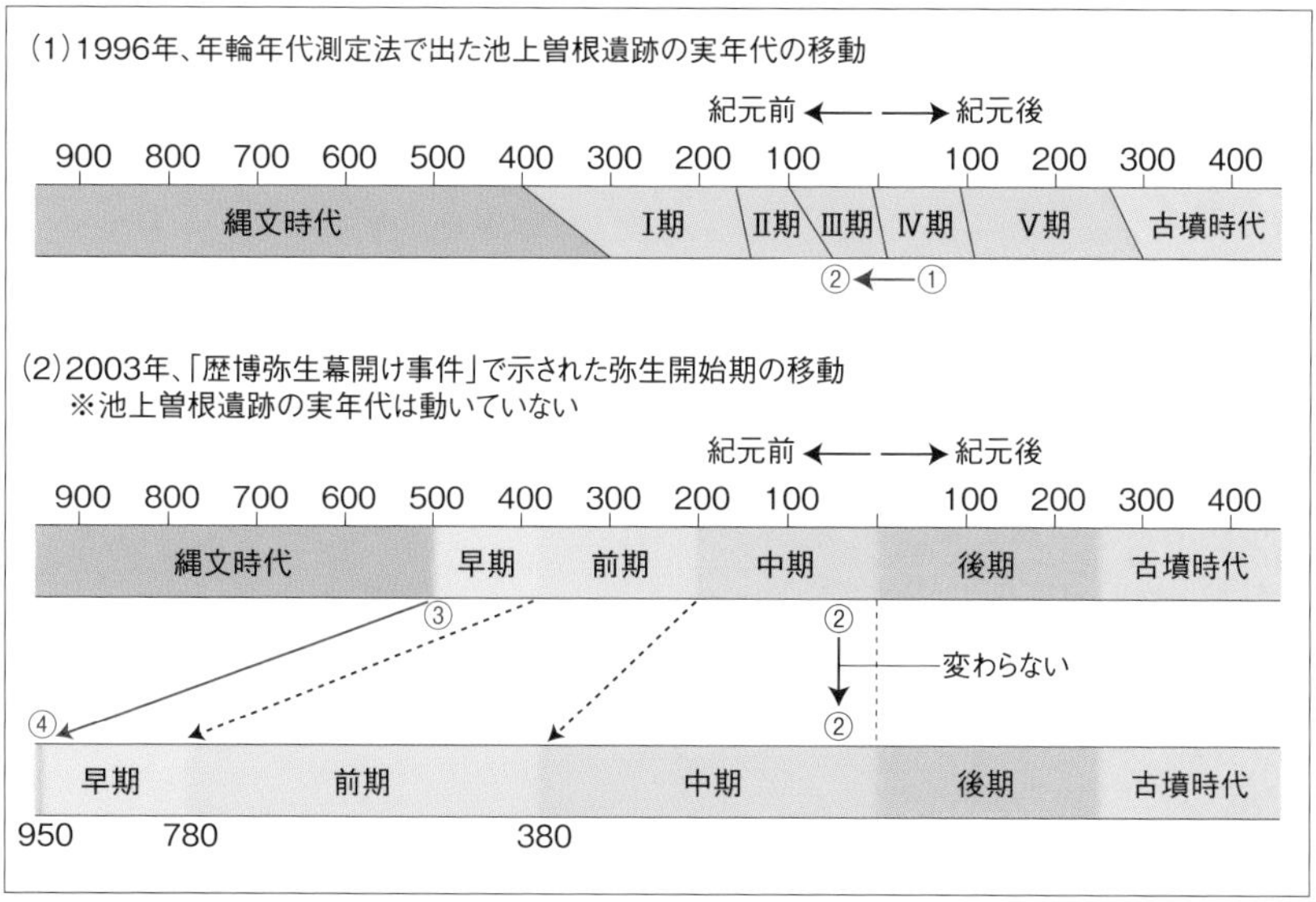

図41 ● 新聞報道にみる弥生年代の推移
「池上曽根事件」(上) では①→②へ、
「歴博弥生幕開け事件」(下) では②は動かず、③→④へ。

第5章　弥生都市論のゆくえ

1　大形集落と都市論

弥生都市論の登場

一九九〇年代後半からの弥生都市研究は、大形建物・大形井戸のビッグニュースを端緒とし、池上曽根ほかを主素材とする議論である。大形建物1のような棟持柱建物を、共同幻想を演出する「神殿」とする見解も、この弥生都市論と密接に関連して提示された。

八〇年代後半、吉野ヶ里《よしのがり》遺跡（佐賀）をめぐって都市論がとり沙汰されたことがある。それは都市とは何かの検討があまり深められないままの、近年の三内丸山《さんないまるやま》遺跡（青森）の縄文都市論と類した、表層的な〝キャッチフレーズ都市論〟あるいは〝マスコミ都市論〟とでもいうべきものであった。

しかし、近年の大形弥生集落に関する都市論は、考古学以外の学問も含めて各分野の論者が、都市の定義をかかげて多方面から論議を展開している点で、これまでとは質的に異なる。ただし都市認定においては、マルクスやウェーバーなどの西洋古典学説や考古学者チャイルドの都市革命論の概念を視座に据え、日本原始古代史における都市の成立と展開を見通す指向性のあるものから、観念的な整合性のみに依拠した理解まで、主眼のおき方は多様である。

要するに、池上曽根や唐古・鍵に代表される大形集落の評価では、過度な集住を示すという都市の第一義的定義は共有されるが、それ以外の経済的・政治的・宗教（祭祀）的要素のとり上げ方は、必ずしも同一状況とはいえない。

そうしたなかで、考古学において弥生都市論をもっとも積極的に展開する論者は、広瀬和雄と乾哲也《いぬいてつや》の二人である。ともに池上曽根の中期後半の様相を実質的な論拠の基礎とする。

広瀬和雄の弥生都市論

広瀬は、首長権力や首長の果たした役割を重視する弥生（環濠）都市概念を主張し、その都市の特質として以下をあげる。

①人口密度が高く集住
②異質な職掌の共生（農民、多彩な手工業工人、漁撈・狩猟・交易の従事者、司祭、渡来人、首長＝一定地域の集団の再生産構造を担う人びとの集住）
③政治的・経済的・宗教的センター機能を発揮
④人びとを政治的・経済的・宗教的に統合した首長の存在

⑤共同幻想を創出した「神殿」（＝異質な価値観の人びとを観念的に統合させるシンボル装置）の存在

⑥センター機能を掌握し多様な人びとを一箇所に集めた首長（権力）の求心力

すなわち、「首長がみずからの権力を貫徹するための装置、権力再生産のため人的・物的資源や情報を自己の周辺に集積させた独立した小宇宙、それが環濠都市」と概念づける。

これは、首長の役割や首長権力を重視する論である。権力が都市を形成する面を強調した藤《ふじ》田弘夫《たひろお》の都市論（『都市の論理』）や、つぎにみる乾の池上曽根都市論に一部を依拠しながらも、他論者とは一線を画する固有な都市論となっている。

弥生都市論の旗頭・広瀬のこの所論は、池上曽根にもともとの論拠をおくが、全国各地の拠点集落の評価にも敷衍《ふえん》し、その影響力と波及効果にははかりしれないものがある。

乾哲也の弥生都市論

乾は、議論の舞台となっている池上曽根の発掘担当者のひとりとして、この大形環濠集落における都市的様相をつぎのように指摘する。

①集住

②流通センター機能、工房

③専業工人層、階層性

④畿内弥生ネットワークの重要構成要素

⑤文化社会圏形成、首都機能、圏内中小集落との収奪関係

この主張にみられる諸点は、これまで多くの学説で都市の基本的前提条件とされる、農業から分離した商工業者層の集住という規定に、池上曽根の諸相を適合させようとした総花式な論調となっている。それは、③専業工人層や階層性に重点をおく論の展開によくあらわれている。

また、同じ延長上の論点⑤は、「収奪関係」などを文言どおりにとるなら極論すぎるが、これは都出《つで》比呂志《ひろし》が従来から設定する都市条件の四項目、(1)中心機能、(2)集住、(3)商工業発達、(4)外部依存（＝自給自足性喪失）のうち、条件(4)との対応を試みた理論補強への模索である。

なお都出は、弥生大形集落はこれら四項目のすべては満たさないので、都市の萌芽段階にとどまっており、都市として認定できないと主張している。

専業度と階層性

乾の池上曽根における専業工人層と階層性の把握は、「現時点で確実にそれと認定しうる材料は少ない」としながらも、想定した金属器の製作工房と、その生産が大規模かつ恒常的におこなわれたとする推測によって（図42・43）、専業工人層の存在をまず予測する。それを基礎として、流通や交易上の重要性を展開し、さ

図 42 ●銅鐸鋳型（石製）片
銅鐸の身部裾付近の無文部に相当と推定。
これが金属器生産の唯一確実な資料。

らに農民や漁民、工人集団の固有祭祀に付随する「埋納」が地点を変え営まれたと把握し、職能分化や階層性の根拠とする。

ただ、論拠としてあげられている考古資料が、専業度や階層性の表徴として用いることができるかどうかは検討する必要があるだろう。専業工人層や階層性の存在、ひいては非農民層の比重の高さや外部依存性の問題は、広瀬の都市概念では個別的な言及はみられず議論は平行線をたどらざるを得ないものの、池上曽根の都市的要素においては第一に検討すべき課題とわたしは考えている。

また一方で、これまでの池上曽根における都市的要素についての検討は、九四年度の調査までの成果を基礎としている。その内実は遺構論が主体で、大形建物などの特異性から類推された「祭祀」的側面が強調される面が著しい。さらに、政治的・宗教（祭祀）的要素を主眼とした観念に重きをおく都市論となっている。

図 43 ●被熱変形土器
1200 度以上の高温で、ゆがみや発泡ができている。鋳造との関連もとり沙汰されるが、分析では金属は検出されない。

こうした状況のなか、調査関係者としては、詳細な実態に依拠した追究こそ責務であると痛感する。池上曽根が弥生都市論の実質的な舞台なので、この遺跡をとりまく問題の解決と再検討が最優先かつ近道であろう。以下では、近年の発掘成果をふまえ、遺物内容の吟味も加味して、あらためて都市論の是非を検討したい。

2　池上曽根は都市ではない

労働用具の分布のあり方

遺構を中心としたこれまでの考察と異なり、ここでは遺物、なかでも腐朽などによる遺存の偏りが少ない石器類（中期後半主体）を中心にとり上げよう。

図44は、池上曽根集落内の各地点で、用途ごとに出土石器の比率をグラフにしたものである。石器の器種《きしゅ》は、ⓐ石鏃（狩猟具・武器）、ⓑ中型尖頭器《せんとうき》（狩猟具・武器）、ⓒ打製大型尖頭器（狩猟具・武器）、ⓓ石小刀《いしこがたな》（加工具）、ⓔ石錐《せきすい》（加工具）、ⓕ磨製石鏃（狩猟具・武器）、ⓖ磨製長身尖頭器（狩猟具・武器）、ⓗ環状石斧《かんじょうせきふ》（祭祀具ほか）、ⓘ石斧類（伐採・加工具）、ⓙ大型石庖丁（除草具ほか）、ⓚ石庖丁（収穫具）に分類してある。一部には間接的な意味合いのものも含むが、ほとんどは農業、狩猟、漁撈、開墾、石器・木器ほか製作などにおける実利的な労働用具と考えてよい。

このうちある器種の石器が、特定の地点で集中的に出土すれば、その場所でのそれら道具を

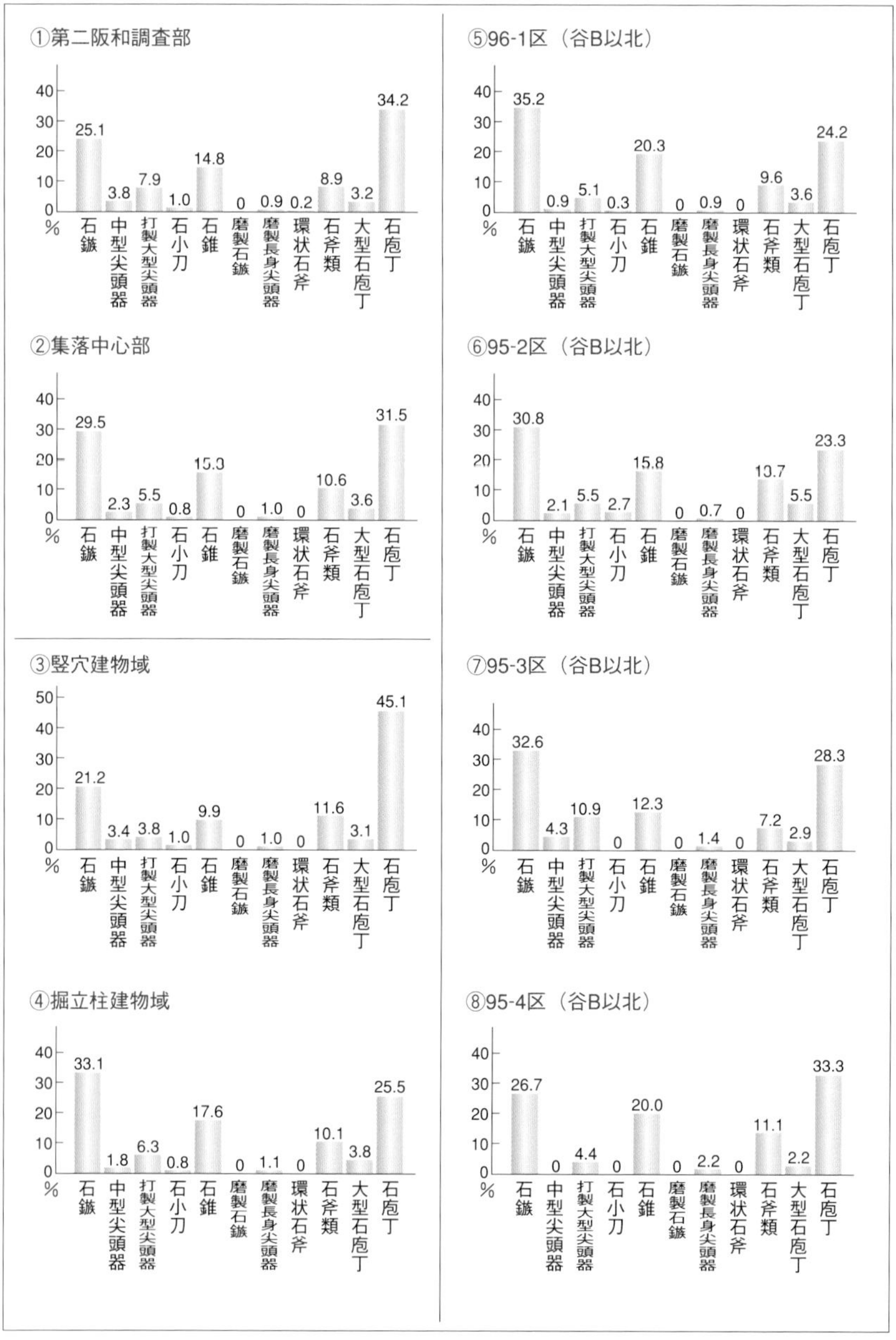

図 44 ● 石器（主要 11 器種）の集落内各所における出土傾向

①第二阪和調査部、②集落中心部、③竪穴建物域、④掘立柱建物域も、個別の調査区⑤〜⑧も、各種の作業に用いられた道具類の組合せがよく似ている。

用いた労働比重の高さが推測される。たとえば、石庖丁が多ければ農民、加工用石斧などが多いと木器製作工人の可能性が推定できる。

普遍性　さて、代表的な石器器種の割合を地点ごとに調べると、大形建物付近や第二阪和国道部を含め、各地点での比率が非常に類似しているのがわかる。また本書ではグラフを省略したが、打製石器や石庖丁の製作（図45）に関係する遺物でも、地点間の強い共通性を読みとることができる。そのほか伐採用と加工用の石斧の違い、鉄器用と推定される軟質砥石とそれ以外の砥石の区分、漁撈用石錘《せきすい》の分布傾向なども近似性がうかがえる。

　これらのことから、各地点はおおむね共通した労働内容だったと類推してよい。つまり、集落内の各所が、農業、狩猟、林業、漁業など第一次

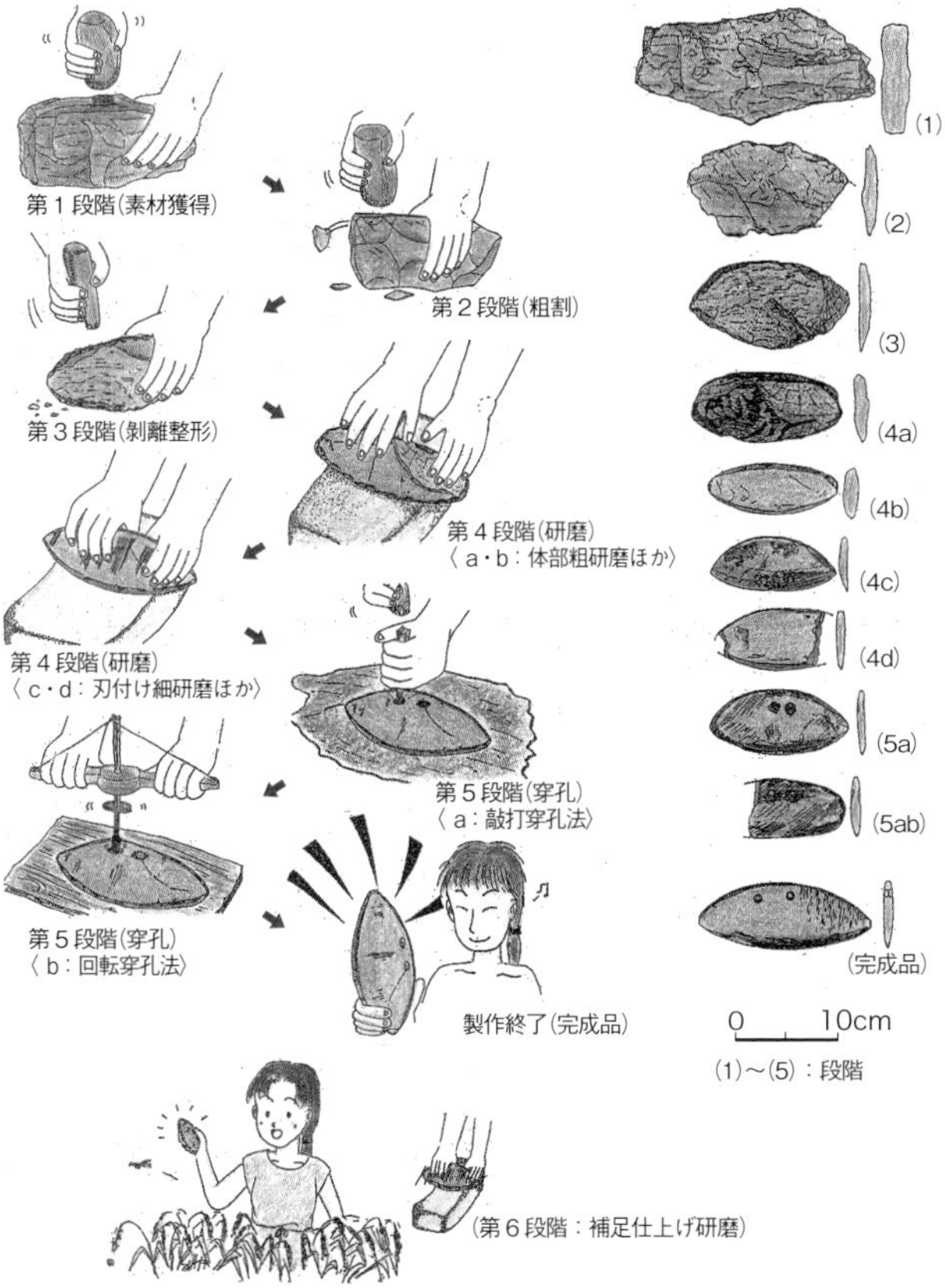

図 45 ● **石庖丁の製作工程**
製作手順が詳細に判明し、集落のほとんどの人がみずから製作していたことがわかった。

産業部門および一部の石器製作など簡単な各種手工業の要素をあわせもち、それぞれが均質かつ自給的で専門的ではないという、基礎的な属性を普遍的に共有している。

特殊性　他方、金属器の製作を示す鋳型（図42）や、常態でない高熱を受けた「被熱変形土器」（成因は未解明、図43）の類は、集落内のどこでも出土するわけではない。量は少ないが特定の場所から発見される。金属器製作・加工などのような高度な技術を要する労働は、当然ながら集落内の各所でおこなわれたのではない。

しかし、鋳型の出土地点や被熱変形土器が多く検出された箇所で、石器などの出土状況をあらためて確認しても、他所の傾向とほとんど変わらない。つまり、鋳造のような特殊分野の手工業のあり方は、基礎的な内容に加味された付加的な属性として位置づけられるのである。

両属性の関係　つまり、各種手工業の付加的属性は顕著に展開するのでなく、集落内各所の基礎的属性の内に埋没する状況を呈している。このことから、各種の手工業的労働とその従事者は、農業など第一次産業部門から独立（農工分離）してはおらず、集落内分業での専業度は決して高いとは考えられない。各種手工業の多くは農閑期労働としておこなわれ、特殊技術を必要とする分野（金属器製作ほか）での大規模かつ恒常・常駐的な生産は想定できない。

集落間の共通性

つぎに他の遺跡の石器組成とくらべてみよう。代表例の三遺跡の石器組成を図46に示した。若干の違いはあるが、池上曽根とかなり類似している。

このうち、田能《たの》遺跡（兵庫）と亀井遺跡は、池上曽根と同じく拠点的で大規模な中期集落である。したがって、地域が異なっても大形集落においては、総体として類似した労働内容を示しているのである。

栄《えい》の池《いけ》遺跡（大阪）は一般規模の農耕集落である。池上曽根の南西部に位置し、最盛期を同じくする衛星集落にあたる（図5参照）。この石器内容さえも、各大形集落の総体的傾向や、池上曽根の環濠内各地点の特徴と共通性を備える点は重要となる。つまり、栄の池のような中・小集落の内容を量的に拡大した様相、あるいはそれらの集合体としてのあり方が、大形集落の実態を示しているのである。

池上曽根は都市にあらず

以上から、現行の弥生都市論で都市的要素とされた、専業工人の存在やそれから推定される階層性の顕在化、その帰結としての非農民層の高率化、食糧ほかの外部依存などは追認できない。大形集落が小規模な周辺農耕集落にくらべて、規模、集住度、各種センター的機能において大きな格差を備える点はだれしも否定しない。だが、先に記したような諸要素を都市の認定基準に掲げるかぎり、池上曽根を都市としてよぶのは妥当ではない。

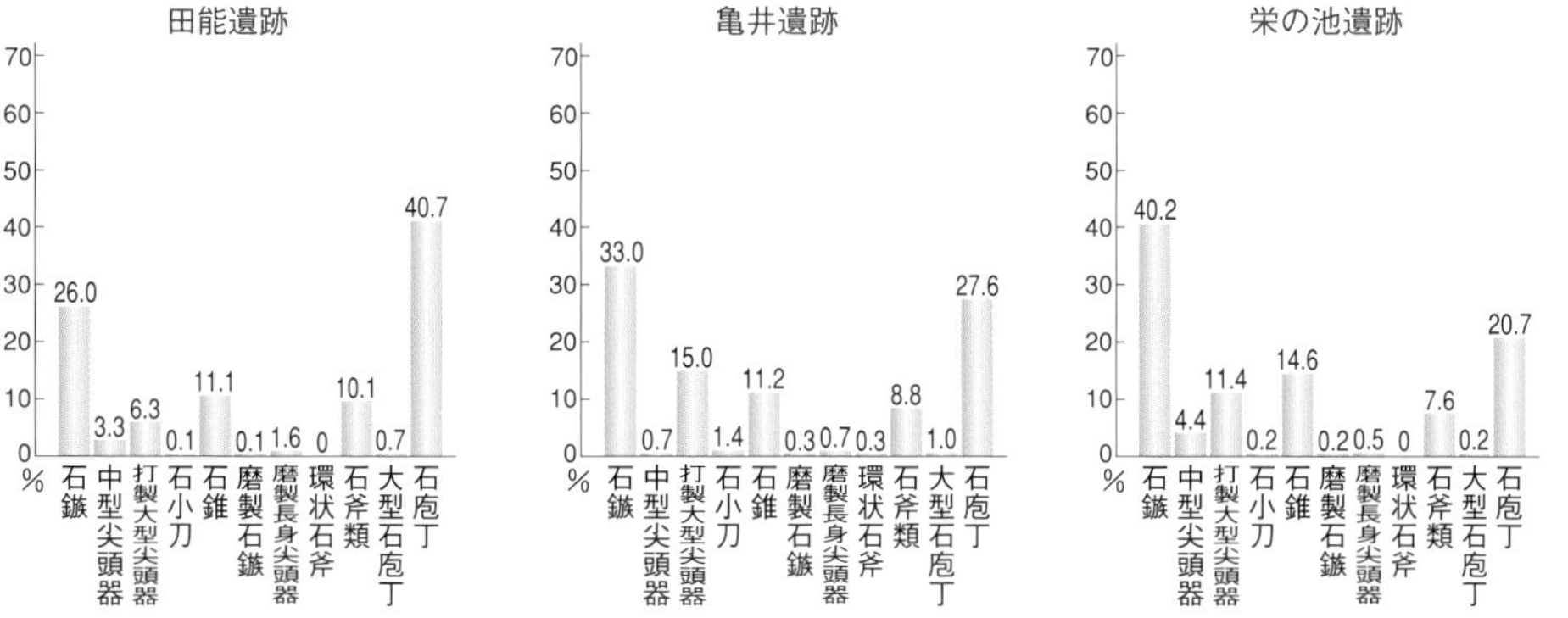

図46 ● 他遺跡の石器組成
これら以外の遺跡でも、多くの場合、共通性をみせ、労働内容の均質性がうかがえる。

3　弥生時代に都市はあったか

各地の集落展開

近畿をはじめ各地の初期農耕集落（前期前半）は、平野部における長径一〇〇メートル前後の小規模な存在からスタートした。その後、前期後半〜中期前葉に範囲が拡大する傾向をみせはじめ、中期後半で最大規模に達する。その場合、大形・巨大とも称される環濠集落の形態をとったり、広域分布する遺跡群という様態を示す。

しかし後期になると、それら平地部の大形集落は解体にむかう。その際、小形集落として分散化するが、他方、それまでとは異なる標高の高い位置で、比較的広範囲の占有形態を示す集落も存在するようになる。

こうした農耕集落の展開のなかで、都市論が対象とするのは、主に中期の大形集落にあたる。このような大形集落について、わたしはこれまでいくつかの論考で、発掘に携わった経験があり近畿を代表する拠点集落といわれる諸遺跡を素材として、各要素の検討をおこなってきた。加えてその成果を基礎として、関東以西の大形集落も検討してきた。詳細な論旨は巻末の参考文献にあたっていただきたいが、ここでは概要を説明しよう。

論点A：大形集落の構成単位のあり方（空間的構造）

集落の構造　大形集落の特徴を把握するため、関東から九州の集落構造を概観した。とり上げた遺跡は、唐古・鍵（奈良）、朝日《あさひ》（愛知）、八日市地方《ようかいちじかた》（石川）、妻木晩田《むきばんだ》（鳥取）、文京《ぶんきょう》（愛媛）、須玖《すぐ》・岡本《おかもと》（福岡）、比恵《ひえ》・那珂《なか》（同）、吉野ヶ里（佐賀）ほか、弥生（環濠）都市、都市的集落などの表現を冠され、この種の議論でよくとり沙汰される集落（群）である。

それらを分析すると、大部分の大形集落では、占有面積が最大限に達し、集住の度合いがもっとも高まる時期においても、集落は複数の構成単位の集合体として理解できる。その一単位は、数棟から十数棟の居住建物からなるまとまりを基礎とするものである。

居住域一帯が大環濠で囲まれた中～後期の唐古・鍵や、居住域が集中的に一箇所にまとまる中期の四ツ池（図47）の事例においても、居住域の内部は先立つ前期に形成されていた単位を継承する様相が、居住域や墓域の区分に反映されている。たとえば唐古・鍵（図48）では、前期の居住単位だった西・北・南地区は、中期でも遺構・遺物が密集分布するまとまりとして摘出できる。また、集落それぞれの最盛期がすぎ大集落や極度な集住が解消された後期以降

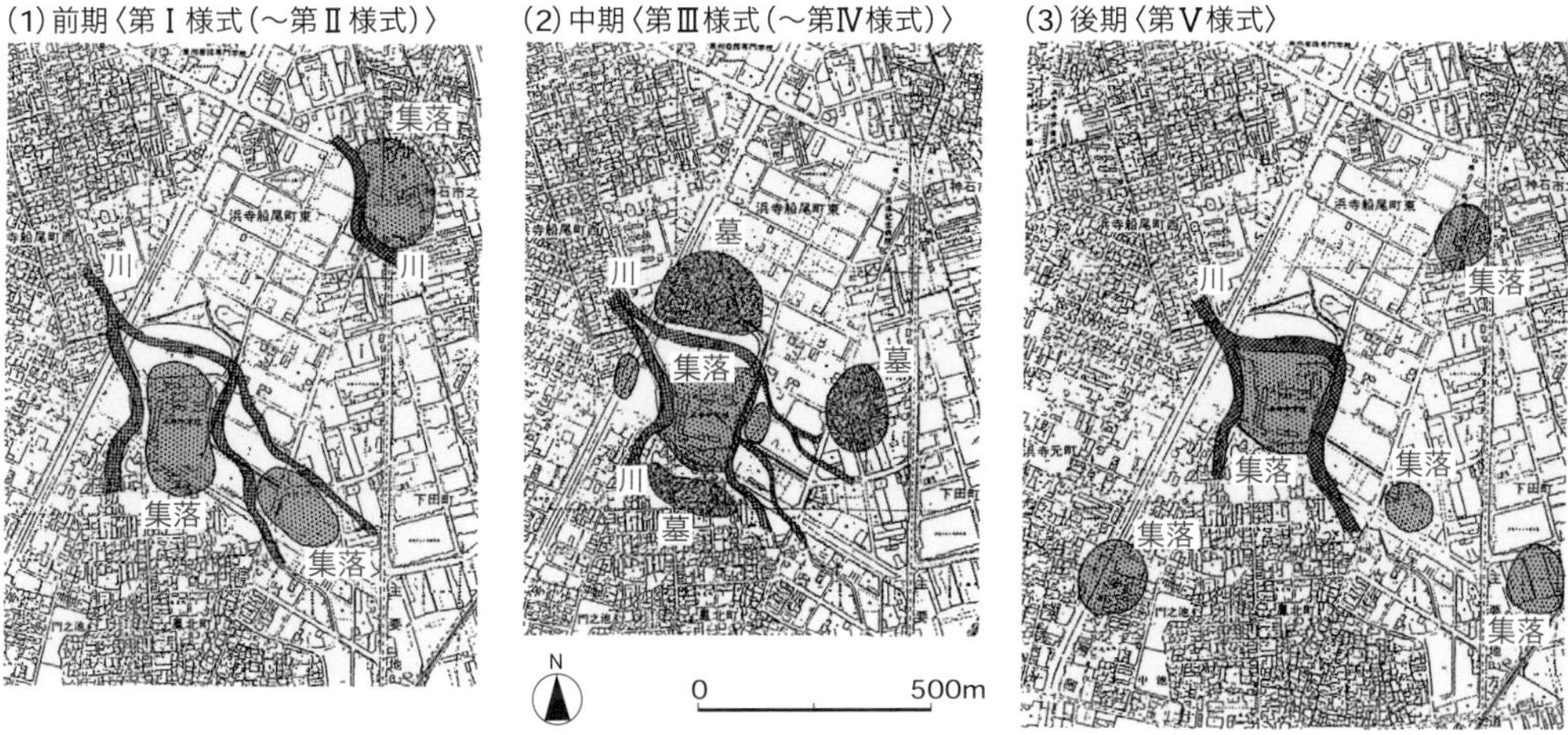

図 47 ● 四ツ池遺跡（大阪）の集落構成
居住域がまとまる中期でも墓域が群別となっていて、
集落内が複数単位で構成されていることがわかる。

においても、そのような基礎的な構成単位を維持するあり方を示したり、その単位を反映した状態で分解していく。つまり、中期で一箇所にまとまる居住形態を呈していても、その先後の前期・後期の諸相から判断するなら、中期様相は一過性の特殊状態であり、基層には前〜後期を一貫した単位構成としての原理が存在したと推論できる。

他方、後期の下之郷《しものごう》（滋賀）のように、集落内容が一個の求心的構造となる可能性をみせる遺跡も存在する。しかし、それは特例か

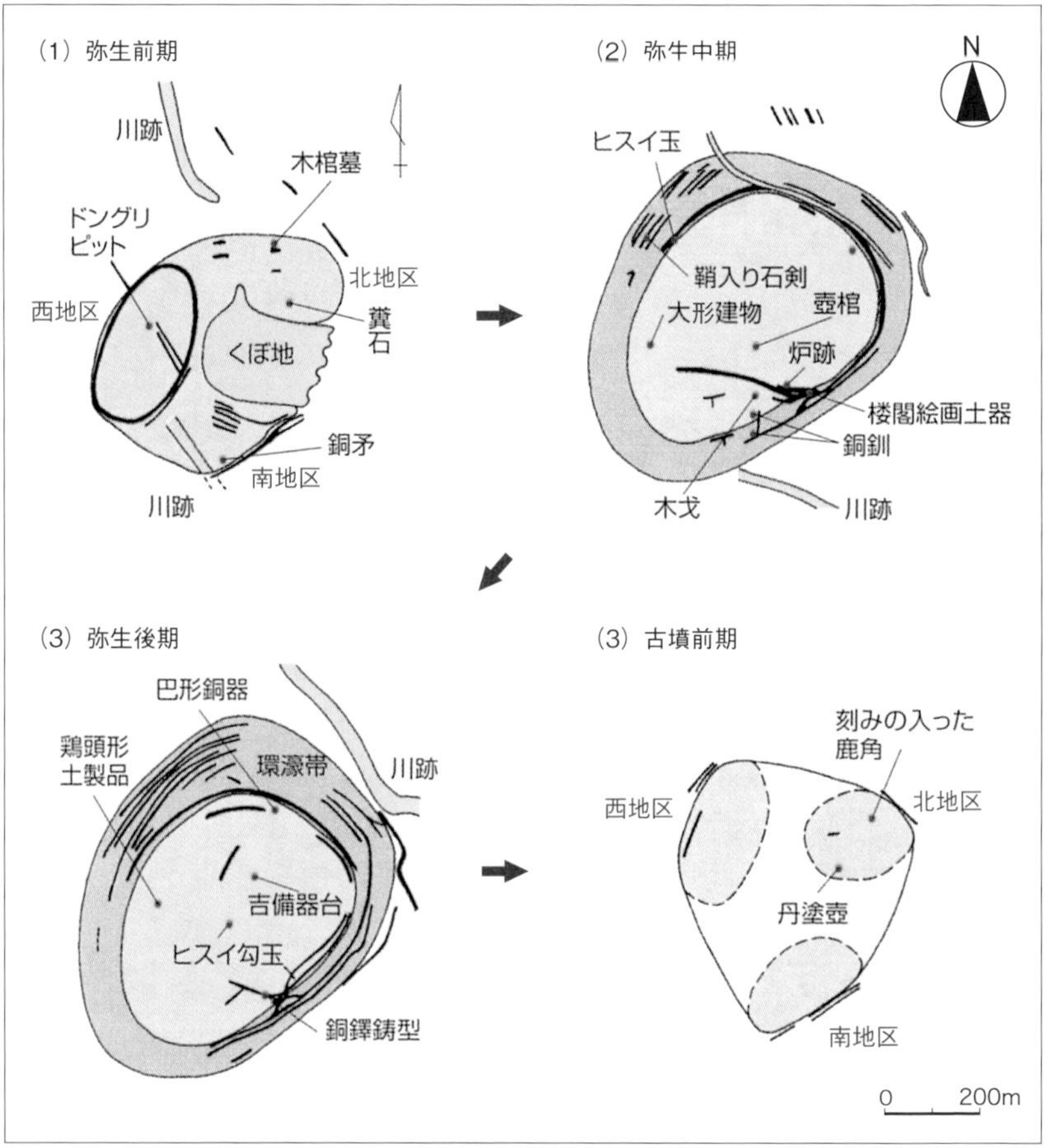

図48 ● 唐古・鍵遺跡（奈良）の集落構成
中・後期でも集落内部は3分されるという発掘成果がみられる。

つ少数派に属すと認定すべきで、ことさら強調されるような普遍的なものではない。

墓域の構造　加えて多くの集落では、各居住域単位に付随し、さらに、その各単位が造営の主体と推定できるあり方で墓域が形成される（図49）。墓域遺構の内容は、おおむね東部瀬戸内以東では、方形周溝墓群を中心とした集団墓の様相を呈する。

方形周溝墓は、墳丘《ふんきゅう》上に小児・幼児を含む複数の人間が埋葬され、群在して墓域を形成するのが普通で、家族墓や世帯墓として理解されている。この血縁関係を結合原理とする墓群の形成主体が、居住域にみられる構成単位とするなら、その居住単位も血縁関係によって集合したまとまりと理解してよいであろう。

以上の様相から、大形集落における基本的な内部構造は、求心的構造や単一的構造をとる確固とした統一

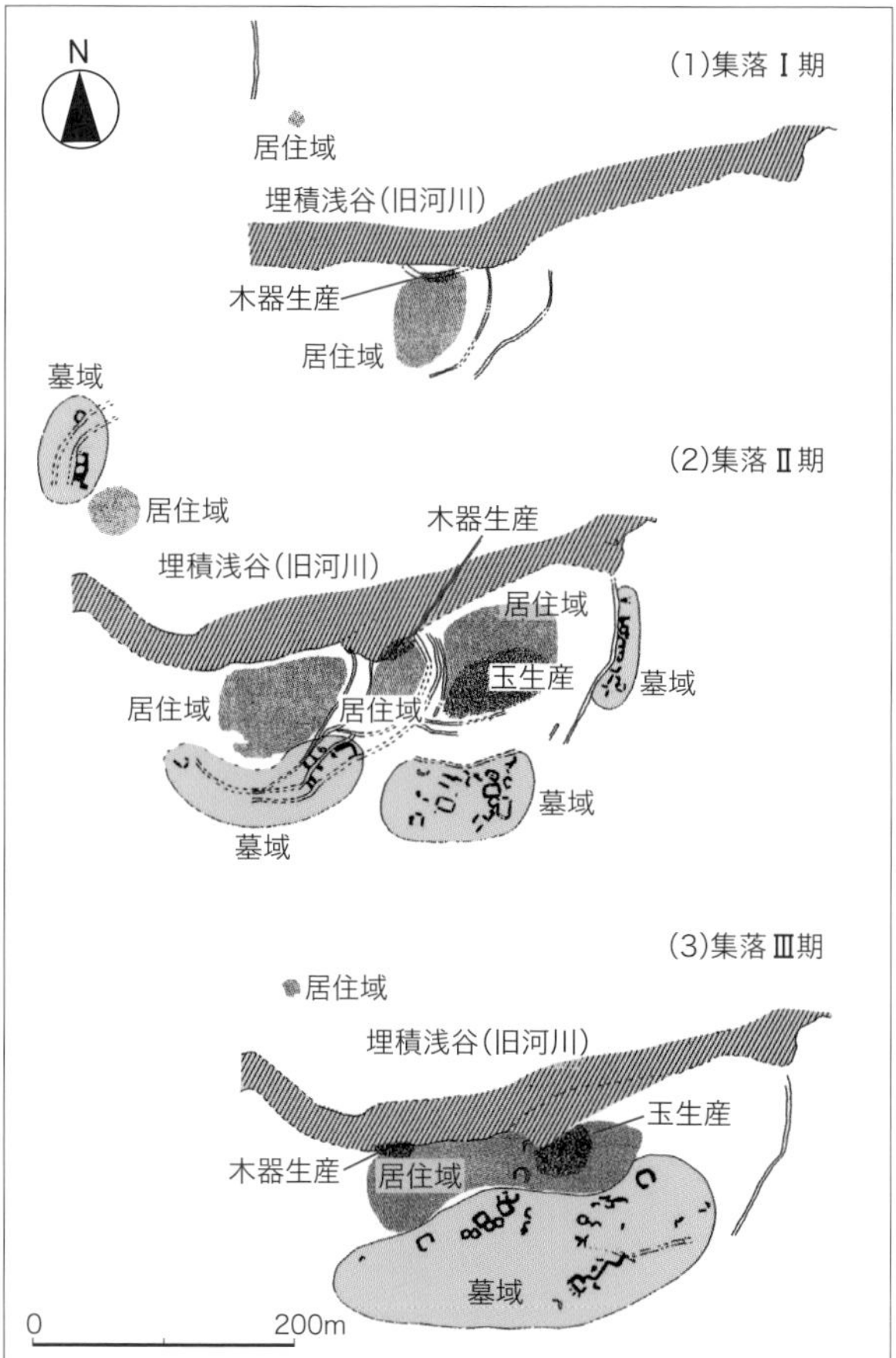

図49●八日市地方遺跡（石川）の集落構成
Ⅱ期では典型的に居住域と墓域がセット関係を示す。

体ではなく、血縁的なまとまりを示す構成単位が複数集合して形づくられたと判断できる。

論点B：基礎的・付加的属性の関係

先に池上曽根で提示した、遺物様相からうかがえる基礎的属性と付加的属性の検討を各地の遺跡でみてみよう。

付加的属性の特質　まず、付加的とした内容が、いくつかの遺跡でやや目立って指摘できる。具体的には、唐古・鍵、勝川《かちかわ》（愛知）、八日市地方における木器製作、文京における土器製作、朝日、八日市地方、吹上《ふきあげ》（新潟）、勝川における玉製作、唐古・鍵、東奈良《ひがしなら》（大阪）、亀井、瓜生堂、鬼虎川《きとらがわ》（大阪）、文京、安永田《やすながた》（佐賀）における金属器・ガラス関係製作である。

これらの、①木器、②土器、③玉、④金属器・ガラス類という四種の製作項目が、現状で把握できる付加的属性に該当する。①と②が日常必需品、③と④が非日常特殊品にあたり、また、前者が一般的な技術体系、後者が高度な技術体系で製作される品目に相当する。

四領域では製作過程において、①には材木アク抜きや歪《ひず》み修整の水漬け工程（図50）、②④には土器焼成時や金属・ガラス溶解時の火を用いた焼成・高温加熱工程が含まれる。③には玉

図50●唐古・鍵遺跡の製作途中木器の水漬け状況
木器生産には水豊潤地や溝内での水漬けが必須。

の研磨・穿孔《せんこう》時はもとより工房内の石片残滓《ざんし》の清掃などに多量の水が必要で、硬玉《こうぎょく》原石の分割には受火による加熱処理工程も想定される。

要するに、これらの工種には、水や火の大量・常時使用が必須となる。このことから集落内で水が常に豊潤な地点（流路や溝、谷、微凹地付近など）、火を焚いても建物や人に被害を与えない地点（風下《かざしも》部や空閑地《くうかんち》など）という場所の制約をおのずと受ける。実際に、右記した諸遺跡ではそのような地点で、関連する遺構・遺物が検出されている。

以上のとおり、付加的属性の生産領域には、製作工程上で必然的に場所の規制を受ける部門、たとえば「不動産的」手工業とも表現できる部門が主体を占める。

そのように想定するなら、集落内で右記部門の関連遺物が結果的にまとまって検出される現象は、当然のなりゆきとみなせる。よって、③④部門の特殊性と独占性の高さは予測できるが、そうした特殊な遺物の集中現象だけをとらえ、恒常的で大規模に展開する生産体制があったとするのは正当ではない。

基礎的属性の特質

つぎに基礎的属性の分野について

図51 ●八日市地方遺跡の管玉製作遺物
原石から完成品まで各工程の遺物が玉生産域から出土した。

みていこう。右の①〜④以外のほとんどの品目は、日常必需品およびその製作部門である。そして、場所の固定化や規制を受けることがほとんどない「動産的」手工業というべき領域に属する。

代表事例をもとに検討してみよう（図52）。大阪の平《ひら》野《の》川《がわ》・長《なが》瀬《せ》川《がわ》流域遺跡群は、中期後半に、亀井・亀井北・久宝寺《きゅうほうじ》北・久宝寺南・城山《じょうやま》・加美《かみ》などの諸地点において、居住域・墓域および水田域のまとまりがあわせて五単位ほどあり、それらが集合して広範囲におよぶ集落（群）を構成していた。

このうち亀井・久宝寺北・久宝寺南などの各単位における石器の器種ごとの比率をみると、微妙な差違もあるが、各単位はおおよそ似た傾向にある。この事実から、各居住単位ごとの労働内容は均質的だったと評価できる。他方、付加的属性の要素については、亀井の居住域だけから鋳型が若干出土している。

このように、①〜④以外における物資の特性に関しては、一般的に池上曽根での分析内容に近くなる蓋然性が高い。すなわち、多様多彩な生業に必要な諸労働具を、集落内で共通して一定量を保有し、それらの製作の多くはみずからおこなっていたのである。

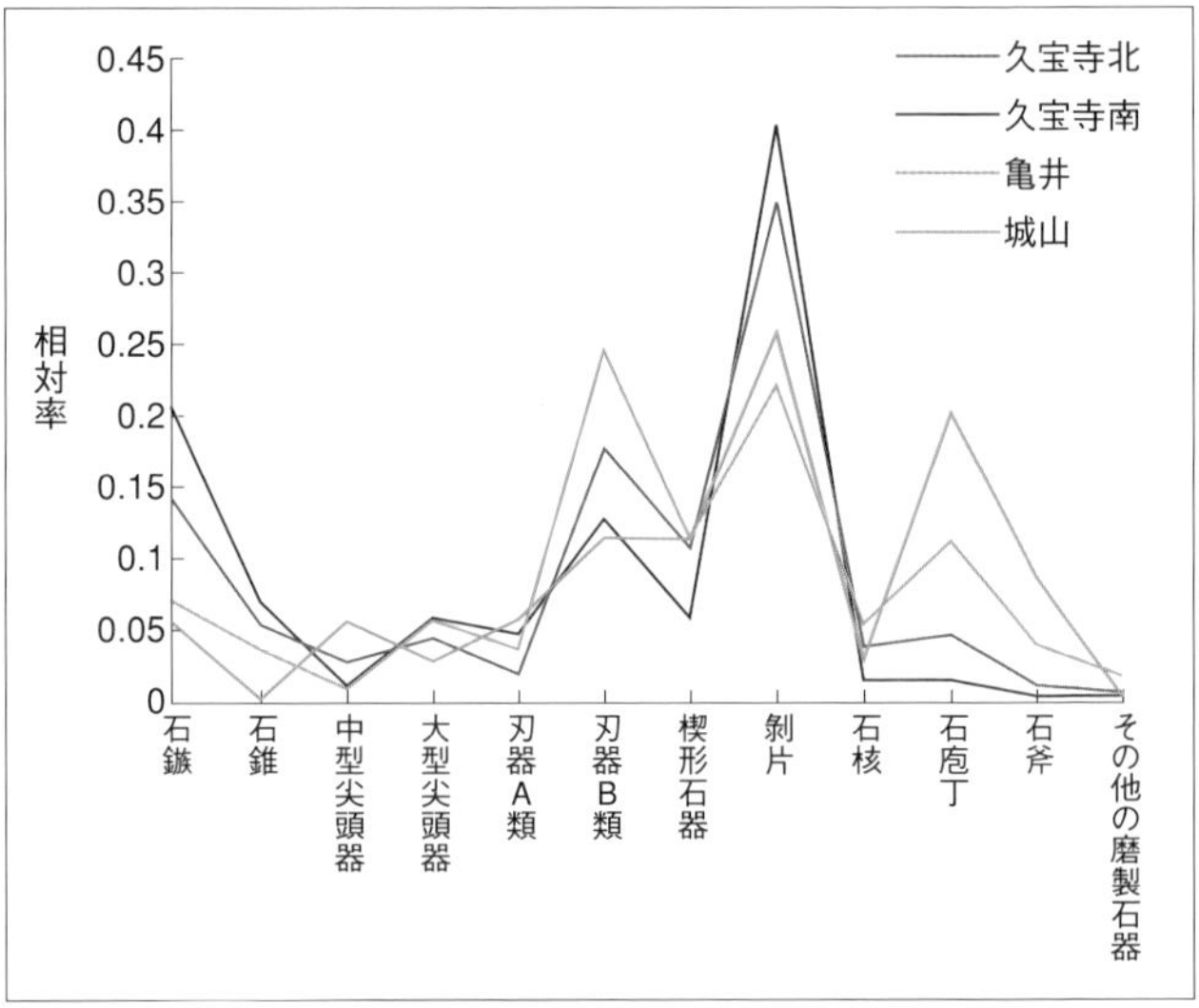

図52 ● 平野川・長瀬川流域遺跡群（大阪）の中期石器組成
この集落は亀井、久宝寺、城山、亀井北、加美ほかの遺跡が、一帯で連続的に集合し群を形成する。

こうした基礎的属性に含まれる、場所的な制約がない品目が均質性を備える事実は、集落の性格を考える際に重要である。平易な表現をすれば、高度な特殊分野をのぞいて、場所的な縛りさえなければ、どこででも、だれでも、何でもやった、ということになろう。

沈黙する資料　従来、目立つ付加的属性領域のデータが強調されてきた。反対に、これまで言うに足らないとして、あえてとり上げずにいたその他多くの資料の、あたかも沈黙の体をなす存在にこそ重要で本質的な面が内在している。それらの遺物・遺構の集中区の記載が報告にないのは、集落内での均質・普遍性の重要な証拠と認識してよい。

よって、付加的属性の項目だけを論拠に、分業・専業度の高さなどに結びつけ、弥生社会を復原する手法には大いに問題ありとすべきである。

論点C：集住の契機と解消の背景

では、右の論点A・Bからうかがえるような集合体が、一箇所あるいはごく近接地に、なぜ一時期といえども結集し大形集落を形成したのだろうか。つまり、多数の人びとがどのような理由で極度な集住をなしたのか、そしてその後なぜ解消または縮小したのか。この問題を水田経営との関係で考えてみよう。

水田の展開　全国的にみて、弥生水田の変遷がもっとも判明しているのは、近畿の池島《いけじま》・福《ふく》万寺《まんじ》遺跡（大阪、図53）や志紀《しき》・田井中《たいなか》遺跡（同）である。それらを通史的にみると、水田の造成・経営は、前期前半〜中ごろにおける、分散的でやや小規模な経営から出発し、中期にお

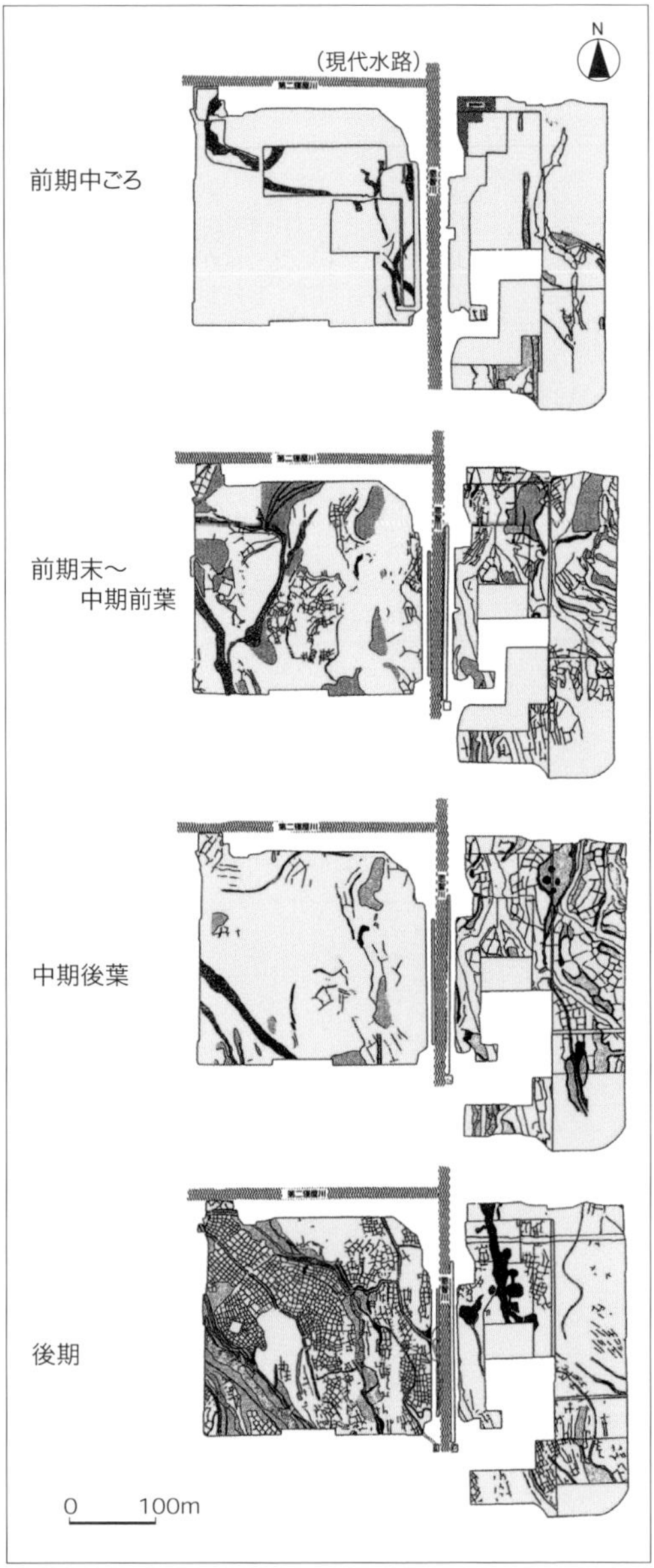

図53 ● 池島・福万寺遺跡（大阪）の弥生水田
前〜中期は自然地形に制約された状態で水田を広げるが、後期になると自然環境を制御し高度な水利システムを用い、一層の水田拡大化を達成する。

ける基本的に前期と同質な水田形態の集合体としての面的拡大を経て、後期には、従前とは質的に異なる水利系統の制御と水田域のいっそうの大規模化を達成する。

これと集落変遷との関連を述べると、前・中期では居住域・水田（生産域）ともに歩調をあわせ拡大化の方向性をみせる。だが後期では、大形集落が分解したからといって、水田も散在するのでなく、反対により面的拡大化をとげる。この一見矛盾するような現象を、わたしはつぎのように理解している。

直接・日常的な調整　中期水田は、前期以降の量的な発展によって広域に分布しているが、灌漑水利システムの面では、自然地形の克服がまだ不十分な段階である。そのため水田の管理・運営は、その時どきに起こる具体的な個別問題に対して、集落構成員がそのつどごとに打ち合わせをし現実的に対処するといった、直接・日常的な集落構成員相互による調整が必須となる。したがって、それら多くの各調整がもっとも有効に機能しやすいように集住形態をとり、その結果として大形集落の形成にいたる。

一方、後期水田では、自然地形を克服した完成度の高い水利システムの獲得によって、そのシステムの中枢部を重点的に掌握することにより、間接的であっても調整機能が果たされる。つまり、頻繁で直接・日常的な集落構成員相互による調整の必要性が著しく低下したのである。このため後期では、中・小集落の分散形態でも、大規模水田経営が可能な体制となってくる。また、もともと過度の集住は排泄物の処理などを含め住環境の悪化をまねく側面があり、諸調整のための集住が不要となれば、集落は一定規模のまとまりで分散化する傾向にあるのが自然といえよう。

農民の意志　以上の検討では、大形集落の形成とその解体は、首長や首長権力の進展や卓越性に左右されたのでなく、農業生産の技術的段階に規定され対応している。

つまり、弥生集落の動態は、当時の基幹的な生業だった灌漑水稲農耕の経営のあり方と密接な連動性を示すと理解している。水田経営の技術的な限界性に制約され、それへの現実的な対処をはかった集団メンバーの実際的な動きが大形集落の形成にいたり、そして農耕技術進展の帰結として大形集落は解体していったのである。

4　弥生都市論の是非

集落実態と弥生都市論

以上の論点と、先に紹介した弥生都市論者の主張点との関連性を検討してみよう。

首長権力と集落構造　論点Aとした大形集落の構成単位は、広瀬都市論の主眼でもある、④「人びとを政治的・経済的・宗教的に統合した首長の存在」、⑥「センター機能を掌握し多様な人びとを一箇所に集めた首長（権力）の求心力」という、首長権力の強さや求心力と密接に関係してくる。また、乾の⑤「文化社会圏形成、首都機能、圏内中小集落との収奪関係」とも関連性をもつ。広瀬の所説では、首長権力と集落構造の相関性について明言はないが、集落像としては中心性を備え、一体となった構造体を想定しているのではなかろうか。

その点において、論点Aで整理した、大形集落の内部における構成単位集合体としてのあり方や、その単位が血縁関係に依拠するという実態は、広瀬都市論から類推可能な集落構造イメージと整合的でない。

労働の様相　論点Bでは、集落内において、各種の基本的労働や簡単な手工業がそれぞれ独立せず均質的かつ自給的であり、高度な分野も含む手工業は個別には顕在しないとした。

この分析からは、乾の③にいう専業性や階層性における高い評価は否定される。また乾⑤の諸項目や乾②「流通センター機能、工房」の一部とも密接に連関し、「中小集落との収奪関係」は成立しようもない。

さらに、各項目の比重度合い（専業度）を問題にすれば、広瀬②にいう「異質な職掌」の内容にも大いに連動してくる。この点は同様に、都出の（３）商工業発達、（４）外部依存（＝自給自足性喪失）の評価にも深く絡む要素となり、特化した商工業の発達や、それを基礎にした外部集落・集団などへの依存状態は、弥生社会では復原できない。

集住と農業　論点Cにとり上げた集住の契機や解消の背景は、広瀬④⑥にいう、首長権力の強さや求心力が多様な人びとを集住させたとする理解には真っ向から反する。集落構成員は、基幹生業であった灌漑水稲農業における効率的な増産を求め、各時期の農業技術の段階に見合ったかたちで、主としてみずからの意志で集住し、そしてそれを解消、縮小したのだった。

歴史的な評価　このようにみてくると、弥生都市論者の広瀬・乾が重要論点とする、首長（権力）求心力や専門工人・階層性は、各地集落の様相からはうかがえない。また、都出の都市指標である、（４）外部依存には適応しないし、（３）商工業発達という指標は、結局のところ専業性の問題と関連するが、とりわけ商業の進展にはまったくそぐわない。

すなわち、各地の弥生大形集落の実像は、都出の都市認定にも適合せず、都市論者が指標とする諸要素にも支持的でない、というのが三論点で分析した結論である。ゆえに、それらを都市というタームで歴史的に評価すべきではない。

弥生大形集落とは何だったのか

弥生大形集落は、血縁関係を基軸とした単位の複合体として形成され、しかも、それらの結合形態は、当時の農業生産技術の進展度合いに規定されることによって、またより生産効率を高めるために、集住と解体・縮小という動態を示した。

そして、集落内の労働内容は、労働用具の保有状況からみるかぎり均質であり、しかも、灌漑水稲農業を基調とした生業体制を示している。さらに、金属器などの特別な品目をのぞいては、生産分野にしても著しく特化した様相はみせず、各種品目の製作状況も平均的である。

いうまでもなく銅鐸にしても玉類にしても、決して直接的な生活必需財でない点は再認識されるべきで、当時の基礎的で日常的な生活・生業・生産の場面では、各集落メンバーのほとんどは平均的な様態を示していたと判断できる。また誤解を恐れずに表現するなら、その性格としては自給自足的な特質を原則とするものであった。

したがって、弥生大形集落の基本的な実態は、日本列島の農耕社会形成期にあたる弥生時代という時代的制約のなかで、その灌漑水稲農業生産の技術段階に応じて展開した、農業集落のやや特異な一形態だったと最終的に評価すべきである。

以上、都市とはまったく逆方向の結論に到達した。だが、弥生都市論においてもっとも重要なことは、これまで不明な点が多かった大形集落の内部構造を具体的に提示する調査の蓄積がみられ、その評価にかかわる研究が可能になった事実である。これには、弥生集落・社会の分析や評価にあたり、今後も意義深いものがある点を十分認めたい。都市形成をめぐる追究は人類発展史における重要課題であり、いっそうの深化が望まれるからでもある。

このように研究段階を一歩進める発端となったのが、池上曽根の発掘調査だったのである。

5　その後の池上曽根遺跡

上述してきた史跡整備に付随する第一期発掘の後、第二期が二〇〇一～〇七年、第三期が二〇一一～一三年に調査が継続された。両期における成果としてつぎの二点があげられる。

第一は大形建物1の北東部域における発掘（図54）。この位置は、遺跡ベース面の標高が他にくらべ一段高く、本集落の主要施設が存在するに違いないと推測された箇所で、関係者によって「高い地形」と称されていた。調査の結果、一帯には中期後半において、床面積七八平方メートルや五三平方メートルという規模の大きい二棟を含み、二時期にわたる掘立柱建物が方位をあわせ整然と配置されるという内容が提示された。この建物群は南西約一〇〇メートルの大形建物1と同時存在する構造物と理解され、その内容は、「弥生時代にミニ都城」、「方位合わせ整然と建物群」、「弥生中期　王の館か」という大見出しで新聞報道もなされた。

これらの建物構造・配置に関しては報告書段階で大幅な修正案が示されたが、それをふまえた現在でも、一帯の建物群は集落中心部に特別に配置された倉庫群、重要要素を保持する建物で構成される居住域、もしくは政《まつりごと》的な側面が強い区画の建物、等々と理解され

図54 ● **大形建物1の北東部域「高い地形」における掘立柱建物群**
建物構成や時期比定など解決すべき要素が残るが、重要施設だろうと推測されている。

る。このように集落構造を復原するうえで、研究者が重要視し刮目《かつもく》する特殊な建物群域となっている。ただし、これら遺構の評価に関しては、帰属期を含めやや流動的要素がある点は付記しておきたい。

第二は集落東部の成果（図55）。ここでは、第1・2環濠の外側に東接して、中期後半と推定できる「方形土壇遺構」が検出された。当遺構は、盛土で構成され、本来は平面方形を呈すると推定でき、検出した二辺では斜面に川原石を貼り付けていたようで、周溝底では拳大から人頭大の石塊が多数出土した。検出長は、南北一三メートル、東西一六メートルである。本遺跡の環濠の南から東の外周には、方形周溝墓で構成される同期の墓域が展開するのが判明していることから、当遺構は墓域の要《かなめ》の位置に配された、儀礼をおこなうための祭壇とする説や、集落東側におけるモニュメントの役割をになうという見解も提出されている。

なお、地元の和泉市と泉大津市では二〇二一年に、今後一〇年間にわたる「保存活用計画」を策定公表した。それには、二二年度以降の発掘を含め、保存・活用・整備・運営におよぶ具体計画が提示された。一九九〇年代後半にこの大形集落への挑戦を若干なりとも試みた者として、将来の史跡整備においては、歴史的事実に基づいた、いつまでも愛される歴史公園となるよう切に念じたい。

図55 ●環濠の東側に構築された「方形土壇遺構」
写真左下には第1・2環濠。それに接して、土壇の周溝がL字形にめぐり、内部には落下した石塊が多くみられる。

主な参考文献

秋山浩三　一九九六「BC52年の弥生土器」『大阪文化財研究』11、（財）大阪府文化財調査研究センター

一九九九a「近畿における弥生「神殿」「都市」論の行方」『ヒストリア』163、大阪歴史学会

一九九九b「池上曽根遺跡中枢部における大形建物・井戸の変遷」『みずほ』28・31、大和弥生文化の会

一九九九c「池上曽根弥生「都市」方形区画論と古代・中世某施設」『大阪文化財研究』16、（財）大阪府文化財調査研究センター

一九九九d「池上曽根遺跡の弥生時代井戸諸態」『みずほ』30、大和弥生文化の会

一九九九e「畿内巨大環濠集落の分析視角」『瀬戸内の弥生中期集落』古代学協会

二〇〇一a「〝BC52年の弥生土器〟その後」『月刊考古学ジャーナル』472、ニュー・サイエンス社

二〇〇一b「池上曽根遺跡は〝弥生都市〟か否か」『弥生都市は語る―環濠からのメッセージ―記念シンポジウム・記念講演会資料集』弥生都市は語る展実行委員会ほか

二〇〇二a「池上曽根遺跡の〝銅鐸鋳型〟と金属器生産の実相」『究班Ⅱ』埋蔵文化財研究会

二〇〇二b「近畿地域（2）・大阪府池上曽根遺跡の経済的様相」『日本考古学協会二〇〇二年度大会研究発表要旨』日本考古学協会

二〇〇二c「大阪府池上曽根遺跡の交易・分業関係資料」『日本考古学協会二〇〇二年度橿原大会研究発表資料集』日本考古学協会二〇〇二年度橿原大会実行委員会

二〇〇二d「河内湖岸域における初期弥生水田をめぐって」『志紀遺跡（その2・3・5・6）』（財）大阪府文化財調査研究センター

二〇〇四「「2つの事件」と近畿」『弥生時代の実年代』学生社

二〇〇五「弥生大形集落断想」『大阪文化財研究』27・28、（財）大阪府文化財センター

二〇〇七「煩悶する若き考古技師《欽漏版》」『調査研究報告』5、（財）大阪府文化財センター

二〇二三（予定）「池上曽根その後」『歴史を動かしたのは何か―春成秀爾さん記念論文集―』中巻（仮題）雄山閣

秋山浩三編著　一九九六・九八・九九・二〇〇四『史跡池上曽根95』『同96』『同97・98』『同99』和泉市教育委員会ほか

秋山浩三・後藤理加　一九九九「巨大環濠集落における漁撈専業度と〝船着場〟」『みずほ』28、大和弥生文化の会

秋山浩三・小林和美　一九九八「弥生中期における池上曽根遺跡中枢部の空間構造と地形環境」『大阪文化財研究』14、（財）大阪府文化財調査研究センター

秋山浩三・仲原知之　一九九八・九九「近畿における石庖丁生産・流通の再検討（Ⅰ）」『大阪文化財研究』15・17、（財）大阪府文化財調査研究センター

浅川滋男　一九九八「太陽にむかう舟」『奈良国立文化財研究所年報　一九九八―1』奈良国立文化財研究所

池上曽根遺跡史跡指定20周年記念事業実行委員会　一九九六『弥生の環濠都市と巨大神殿』

池上曽根史跡公園協会　二〇〇一『池上曽根物語』

石神　怡　一九七七「池上弥生ムラの変遷」『考古学研究』23―4、考古学研究会

石部正志　一九八一「考古学研究者と文化財保存運動」『第2次埋蔵文化財白書』日本考古学協会
和泉市教育委員会　二〇一七『史跡池上曽根遺跡発掘調査報告書 二〇一一〜二〇一三―史跡整備に伴う第3期発掘調査―』
和泉市教育委員会・（財）大阪文化財センター　二〇〇八『史跡池上曽根遺跡発掘調査報告書 二〇〇一〜二〇〇七―史跡整備に伴う第2期発掘調査―』
井藤　徹　二〇〇二『テツのひとりごと』
乾　哲也　一九九五「池上・曽根遺跡の変遷」『大阪府埋蔵文化財協会研究紀要』3、（財）大阪府埋蔵文化財協会
　一九九六「弥生中期における池上曽根遺跡の集落構造」『ヒストリア』152、大阪歴史学会
榎村寛之　一九九七「伊勢神宮の建築と儀礼―棟持柱建物は神社建築か？―」『古代の日本と渡来の文化』学生社
大阪府立泉大津高校地歴部　一九五四『和泉考古学』1
（財）大阪文化財センター　一九七八a・七八b・七八c・七九a・七九b・八〇『池上遺跡』各編
川瀬貴子・秋山浩三編　二〇〇四『瓜生堂遺跡1』（財）大阪府文化財センター
岸本道昭　一九九八「掘立柱建物からみた弥生集落と首長」『考古学研究』44―4、考古学研究会
久世仁士　二〇〇四『泉州の遺跡物語』
倉橋秀夫　一九九九『卑弥呼の謎 年輪の証言』講談社
酒井龍一　一九八五「弥生時代」『図説 発掘が語る日本史 4 近畿編』新人物往来社
　一九九七『歴史発掘⑥ 弥生の世界』講談社
鈴木敏則　二〇〇三「東海・関東における大型建物・方形区画の出現と展開」『日本考古学協会二〇〇三年滋賀大会研究発表資料』日本考古学協会二〇〇三年度滋賀大会実行委員会
摂河泉地域史研究会・乾　哲也編　一九九九『よみがえる弥生の都市と神殿』批評社
第2阪和国道内遺跡調査会　一九六九〜七一『池上・四ツ池遺跡』1〜17
都出比呂志　一九九七「都市の形成と戦争」『考古学研究』44―2、考古学研究会
　一九九八「弥生環濠集落は都市にあらず」『日本古代史 都市と神殿の誕生』新人物往来社
寺沢　薫　一九九八「集落から都市へ」『古代国家はこうして生まれた』角川書店
　二〇〇〇『王権誕生』（日本の歴史02）講談社
西谷　正　一九八四「漢帝国と東アジア世界」『「漢委奴国王」金印展』福岡市立歴史資料館
禰冝田佳男　一九九九「近畿地方の集落と墓の変化」『論争 吉備』考古学研究会
伯太小学校PTA成人教育委員会　一九五三『伯太郷土史事典』
春成秀爾・今村峯雄編　二〇〇四『弥生時代の実年代』学生社
広瀬和雄　一九九八「弥生都市の成立」『考古学研究』45―3、考古学研究会
広瀬和雄編　一九九八『日本古代史 都市と神殿の誕生』新人物往来社
藤田弘夫　一九九三『都市の論理』中央公論社
森岡秀人　一九八四「大阪湾沿岸の弥生土器の編年と年代」『高地性集落と倭国大乱』雄山閣出版
若林邦彦　二〇〇一「弥生時代大規模集落の評価」『日本考古学』12、日本考古学協会

池上曽根史跡公園

ＪＲ阪和線信太山駅より西へ約1キロ、徒歩10分。環濠や大形建物・大形井戸、竪穴・掘立柱建物などの各種構築物を復原し、弥生中期後半・ＢＣ一世紀の世界を遺跡地の上に再現してある。

池上曽根弥生情報館

・大阪府和泉市池上町4―14―13
・電話　０７２５（45）５５４４
・開館時間　10時～17時（入館は16時30分まで）
・休館日　月曜（祝日の場合は翌日）、年末年始

池上曽根弥生情報館

・入館料　無料
史跡公園の入口にあり、遺跡の情報発信や見学の受付・案内をしている。

池上曽根弥生学習館

池上曽根弥生学習館

・大阪府泉大津市千原町2―12―45
・電話　０７２５（20）１８４１
・開館時間　10時～17時（入館は16時30分、体験受付は16時まで）
・休館日　月曜（祝日の場合は翌日）、年末年始
・入館料　無料
展示ホール、ガイダンスルーム、アトリエがあり、体験学習も行っている。

大阪府立弥生文化博物館

・大阪府和泉市池上町4―8―27
・電話　０７２５（46）２１６２
・開館時間　9時30分～17時（入館は16時30分まで）
・休館日　月曜（祝日の場合は翌日）、年末年始、臨時休館あり
・入館料　大人３１０円、高大生・65歳以上２１０円（常設展）、中学生以下は無料
弥生文化の総合展示・研究施設で池上曽根遺跡の展示コーナーが常設され理解を深めるのに役立つ。公園に隣接。

大阪府立弥生文化博物館

遺跡には感動がある

――シリーズ「遺跡を学ぶ」刊行にあたって――

「遺跡には感動がある」。これが本企画のキーワードです。

あらためていうまでもなく、専門の研究者にとっては遺跡の発掘こそ考古学の基礎をなす基本的な手段です。また、はじめて考古学を学ぶ若い学生や一般の人びとにとって「遺跡は教室」です。

日本考古学では、もうかなり長期間にわたって、発掘・発見ブームが続いています。そして、毎年厖大な数の発掘調査報告書が、主として開発のための事前発掘を担当する埋蔵文化財行政機関や地方自治体などによって刊行されています。そこには専門研究者でさえ完全には把握できないほどの情報や記録が満ちあふれています。しかし、その遺跡の発掘によってどんな学問的成果が得られたのか、その遺跡やそこから出た文化財が古い時代の歴史を知るためにいかなる意義をもつのかなどといった点を、莫大な記述・記録の中から読みとることははなはだ困難です。ましてや、考古学に関心をもつ一般の社会人にとっては、刊行部数が少なく、数があっても高価なその報告書を手にすることすら、ほとんど困難といってよい状況です。

いま日本考古学は過多ともいえる資料と情報量の中で、考古学とはどんな学問か、また遺跡の発掘から何を求め、何を明らかにすべきかといった「哲学」と「指針」が必要な時期にいたっていると認識します。

本企画は「遺跡には感動がある」をキーワードとして、発掘の原点から考古学の本質を問い続ける試みとして、日本考古学が存続する限り、永く継続すべき企画と決意しています。いまや、考古学にすべての人びとの感動を引きつけることが、日本考古学の存立基盤を固めるために、欠かせない努力目標の一つです。必ずや研究者のみならず、多くの市民の共感をいただけるものと信じて疑いません。

二〇〇四年一月

戸沢充則

著者紹介

秋山浩三（あきやま・こうぞう）

1957年、大阪府枚岡市（現・東大阪市）生まれ。
岡山大学大学院修士課程文学研究科修了。（財）向日市埋蔵文化財センターなどを経て、（財）大阪府文化財センターで、1995年度からの史跡池上曽根遺跡の発掘・第１期整備事業の業務ほかに携わる。現在、桃山学院大学客員教授（国際教養学部、エクステンション・センター）、大阪府立弥生文化博物館学芸顧問（前副館長）、近畿大学・神戸女子大学・大阪樟蔭女子大学講師（非常勤）、博士（文学）：大阪大学。
主な著作　『弥生時代のモノとムラ』『古墳時代のモノと墓』『河内弥生文化の点描』（以上：新泉社、単著）、『日本古代社会と物質文化』『弥生大形農耕集落の研究』（以上：青木書店、単著）、『交合・産・陰陽道・臼—考古学とその周辺』『河内・和泉の考古記録』（以上：清風堂書店、単著）、『煩悶する若き考古技師』（京都三星出版、編著）、ほか

写真提供
カバー・図2・20・22・23・26・31・43・54・55：和泉市教育委員会、図8・12・13・14：大阪府教育委員会、図9：大阪府立弥生文化博物館、図10：久世仁士、図51：小松市教育委員会。上記以外は秋山。

図出典（いずれも一部改変および原報告等からの引用作成、写真転載ほかを含む）
図5：秋山・後藤1999（国土地理院発行２万5000分の１地形図〈堺・岸和田東部〉）、図7・34および遺跡・博物館紹介写真：池上曽根史跡公園協会2001ほか、図11：井藤2002、図16・17・18・19・29：秋山1999e、図21：秋山編著1998、図24・27・28：秋山1999b、図25・36：秋山編著1996、図30：秋山2001a、図32：秋山編著1996・2004、図33・35：秋山2004、図37：「発掘速報展大阪　大陸文化へのまなざし」パンフ、図38：春成・今村編2004、図39：秋山2004・秋山編著1996、図43・44：秋山1999a、図45：秋山・仲原1998・99、図46：秋山2001b、図47・48・49・50・52：秋山2005、図53：秋山2002d、図54：和泉市教育委員会・（財）大阪府文化財センター2008、図55：和泉市教育委員会2017。上記以外は秋山作成。

協力者・謝辞
写真提供の機関・個人および、石神怡、石川日出志、井藤徹、乾哲也、宇垣匡雅、大木要、大野薫、岡本智子、金関恕、佐々木憲一、竹内将彦、竹原伸次、田中正子、玉井功、戸沢充則、虎間麻美、中西靖人、新倉（高橋）香、西川寿勝、藤澤真依、藤田憲司、丸吉繁一、望月清司、山田浩史、ほかの各氏。多謝。

シリーズ「遺跡を学ぶ」023

〈改訂版〉弥生実年代と都市論のゆくえ　池上曽根《いけがみそね》遺跡

2006年 1月28日　第１版第１刷発行
2023年 5月 1日　改訂版第１刷発行

著　者＝秋山浩三

発　行＝新 泉 社

東京都文京区湯島１−２−５　聖堂前ビル
TEL 03（5296）9620 ／ FAX 03（5296）9621
印刷／三秀舎　製本／榎本製本

ISBN978−4−7877−2249−2　C1021

シリーズ「遺跡を学ぶ」

新泉社